자라지 않는

나무의 모험

자라지 않는 나무의 모험

어느 딸바보의 삶을 생각하는 목공입문 노트

임형준 지음

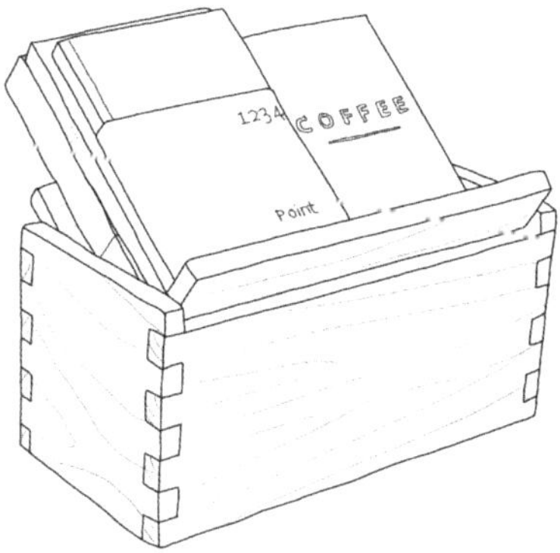

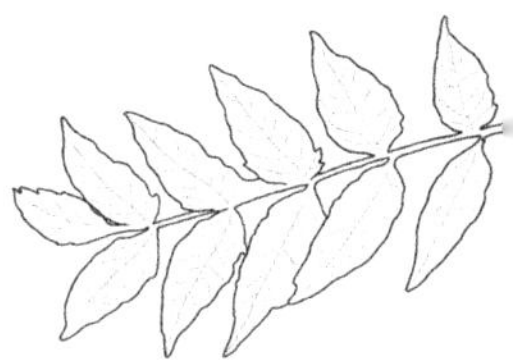

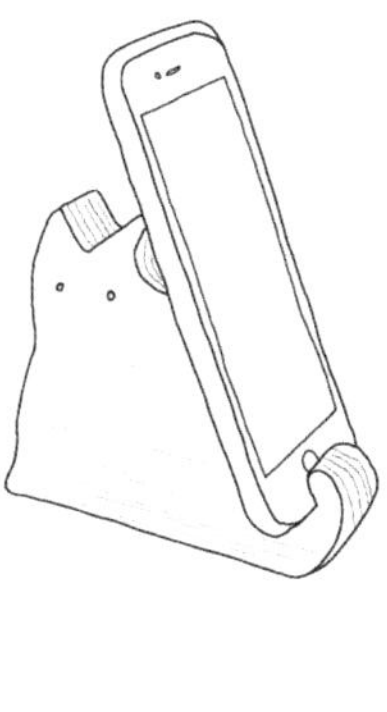

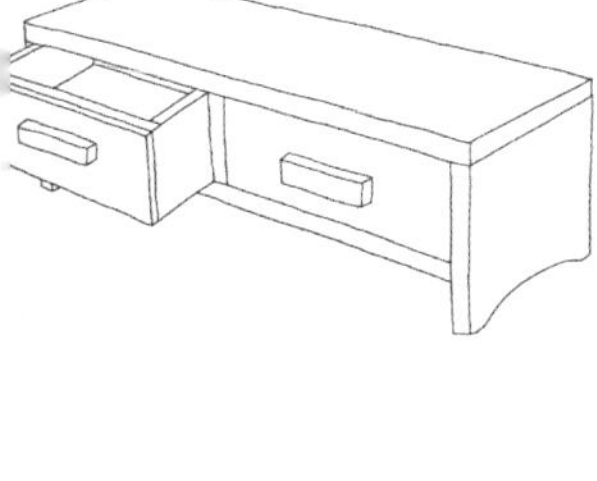

amadia

일러두기

1. 외국어 표기는 '국립국어원 외래어표기법'을 따랐습니다.
2. 학명의 원어는 이탤릭체로, 그 밖의 영문명은 정자체로 표기했습니다.
3. 단행본은 『』로, 논문, 팸플릿, 보도자료, 영화 등은 「」로 묶었습니다.

불과 몇 년 전까지도 자른다는 말과 켠다는 말의 차이를 알지 못했다. 초보자라도 나무로 물건을 만드는 일을 해본 사람이라면 누구나 아는 내용이지만, 관심이 없는 사람에게 켠다는 말은 생소한 낱말이다. 나무가 자라는 방향에 직각방향으로 베는 것을 자른다고 하고, 이렇게 자른 나무를 길이방향으로 절단하는 것을 따로 구분하여 켠다고 말한다. 산과 들에서 자라는 나무만 보고 감탄하며 사랑하는 사람에게는 필요 없는 단어이지만, 그 나무로 무엇인가를 만들어야 하는 사람에게는 상당히 중요한 기호다. 나무를 재단하는 방향은 설계와 구성에 영향을 미칠뿐더러 사용하는 도구도 달라져야 하기 때문이다. 서는 곳이 달라지면 풍경만 변하는 것이 아니라 알아야 하는 것도 달라진다.

나무의 삶은 대개 불에 타서야 끝난다. 화려하거나 아름답게 하늘을 향해 솟구치며 첫 번째 삶을 산다. 그러다 베어지고 나면 집을 짓거나 가구를 만드는 일, 혹은 종이나 자잘한 물건들로 변하여 또 다른 역할을 감당하며 두 번째 삶을 산다. 그 여정에 함께 하지 못하거나, 임무를 다한 녀석들은 난로에 들어가 스스로를 불태운다. 크게 자라는 것만을 나무의 전부로 알았다면 나무의 반쪽만 본 것이다. 나무는 더 이상 자라지 않는 목재, 혹은 다른 이름이 되어 부여된 삶을 다시 살아간다.

대부분 인간은 베어지면 그대로 끝나는 인생을 산다. 욕망도 모두 살아있을 때의 이야기다. 나도 허기를 채우는 것에 그치지 않고 지적 욕망이건 물질적 욕망이건, 오래도록 배부름을 위해 살아왔다. 가끔은 세상을 바꾸는 일에도 동참을 했다(고 생각했다). 하지만 달라진 건 세상이 아니라 나였고, 갈 길을 잃었고, 헛발질을 하며 여러 해를 살았다. 그러다가 나무를 만났다. 자세히는 더 이상 자라지 않는 나무, 목재라고 부르는 나무를 만났다. 성장을 멈춘 나무는 자신의 터전을 떠난 후에야 스스로 얼마나 아름다운지를 보여주었고, 혼자서도 어느 곳엔가 오래도록 쓰일 수 있다는 것을 가르쳐주었다.

살아있는 나무가 싱싱함과 힘을 보여준다면, 자라지 않는 나무는 무던함과 아름다움을 드러낸다. 나무를 켜고 자르고, 문지르고 이어가는 경험을 통해 이윤이 주는 흥분보다 만족이 주는 절제가 소중함을 깨달았다. 배부르지 않아도 세상은 충분히 감동적이라는 사실을, 나무를 통해 단 몇 사람에게만이라도 전할 수 있다면 좋겠다고 생각했다. 그리고 몸이 자란 후 마음이 자랄 시간에 대한 이야기를 들려주고 싶었다. 이 책에 담긴 글들은 그런 의도에서 쓰였다.

아빠가 딸에게 필요한 소박한 물건 하나 건네주려는 의도에서 목공체험은 시작되었다. 실린 글들은 꽤 긴 시간 지속되었던 작업에 대한 보고서다. 지인의 공방을 이년쯤 드나들며 딸을 위해 만들었던 소품, 문구, 가구들을 계절을 따라 소개하고 있다. 작은 상자부터 출발해 선반과 탁자, 서랍장, 액자처럼 아이에게 필요한 물건을 시행착오 속에 만든 과정을 기록했다. 그 과정 속에 나무로 만든 물건이 가지고 있는 의미와 나무라는 재료에 대한 이야기를 담았다. 스스로 만들어가는 방법과 도구에 대한 간략한 설명, 만드는 과정에서 느낀 생각을 통해 스스로 만든다는 것이 담고 있는 의미를 언급하고자 했다. 목재(wood)에 대한 이해를 돕기 위해 살아있는 나무(tree)에 대한 정보도 함께 나누려고 했다. 만드는 과정과 결과물, 사용도구에 대해서는 간단한 정도에서 그림으로 그려 담았다. 매뉴얼 제작을 목표로 물건을 만든 것이 아니었기 때문에 과정을 상세한 사진으로 기록하지 않았고, 이해하기에 편한 방법을 택한다는 이유에서다.

만드는 방법과 관련해서는 조금 변명이 필요할 것 같다. 시중에는 목공 제작과 관련한 다양한 책들이 나와 있다. 한번은 제작순서도 없이 필요한 용도와 완성 사진만 기록한 서적을 보고 갸우뚱했던 적이 있다. 따라 할 방법이 없었기 때문이다. 나중에 직접 나무를 켜고 이어붙이고 마감해보고서야 고개를 끄덕이게 되었다. 재료를 다루고 도구를 이용하는 일에 숙달되지 않고서는 이미지를 곁들인 방법 설명이 거의 그림의 떡이라는 것을, 이렇게 멋진 물건을 나도 만들어보고 싶다는 생각을 던져주는 것으로도 충분히 좋은 책이었다는 것을 지금은 알게 되었다. 똑같은 용도의 가구를 만드는 방법은 수십 가지가 넘기 때문에 특정한 방법만 있을 수는 없다. 따라서 오로지 내가 적용한 내용만 글과 그림으로 설명해 두었다. 사용법의 기능보다는 스스로의 작업에 대한 기록과 도전하고자 하는 사람의 마음을 얻고자 하는 이유가 더 컸음을 밝혀둔다.

다른 모든 일처럼 목공도 많은 부분에서 직접 경험하지 않으면 절대 알거나 체득할 수 없는 부분이 있다. 책에 담긴 물건들은 정해진 커리큘럼에 따라 배운 것이 아니라 하고 싶은 것을 상상하고 구상하고 조언을 듣고 단계마다 알아야 할 것들을 배워가며 만든 것이다. 흔히 공방이나 학원에서 이루어지는 일반화된 과정을 따라가지 않았기 때문에, 그 과정을 익혔거나 이미 자신의 길을 가고 있는 사람은 수긍하지 않는 부분도 있을 수 있다. 그 경우라면 책을 덮으면 된다. 나무로 사물을 만드는 일은 수많은 도구나 비용, 시간의 제약이 뒤따른다. 자신의 방법만 옳다는 것은 있을 수 없다. 각자의 방법으로 저마다의 물건을 만들어가는 삶이 필요하다고 감히 이야기하고자 하는 것은 이 책의 목적이기도 하다. 보잘것없어 보이지만 나무로 내 삶의 물건을 만들어 쓰는 일은 계몽주의나 자본이 밀어붙이는 '야만'에 대한 '퇴행'도, 그럴싸하게 포장된 대안도 아니다. 내 삶이 어디로 흘러가고 있는지에 대한 진솔한 물음인 동시에 이런저런 제안으로 불안을 돌려막기 하는 행태에 대한 소박하지만 단호한 대답이다.

입문자라는 처지가 쓴 글에 대한 어느 정도의 변명이 될지는 모르겠다. 다만 누구나 시작이 있고 깨달음은 그 시간의 길고 짧음에 있지 않다는 믿음이 다른 이에게도 유효하길 바랄 뿐이다. 이제 더 깊은 곳으로 가야 할지 여기서 멈출지 지금은 알 수 없다. 이 책을 읽게 될, 목공에 대해 마음은 있지만 해보지 않은 사람처럼 나도 선택의 갈림길에 서 있다. 아이에게 좋은 이야기를 들려주기 위해 모든 아빠가 소설가가 될 필요는 없다. 애정이 담겨 있고, 몇 번은 고민하며 써내려간 편지로도 아이는 스스로 감동과 성장을 거듭할 것이다. 문제는 많이 잘 팔리는 이야기를 사서 던져줄 것인가, 투박하지만 내가 써 보느냐 하는 것이다. 이 책이 그 도전의 발을 내디디라고 등 떠미는 도구였으면 한다. 나의 뜨거웠던 한 해처럼 말이다. 자본주의에 함몰되지 않고 살아가는 사람의 방식은, 의외로 단순한 곳에 있을지도 모른다.

2021년 3월

쓰고 그린 이

임형준

차 례

1장

연결을 배우는 것에서 삶은 출발한다

안다와 할 줄 안다,
그리고 잘한다

어떤 일에 대해 안다고 해서 그 지식을 모두 행동에 옮길 수 있는 것은 아니다. 안다고 떠드는 사람에게 실제 해보라고 하면 엉망인 결과를 만드는 경우도 많다. 머릿속에서 인식하는 것과 내 손과 발로 움직이는 것의 차이는 생각보다 크다. 나무로 무엇인가 만드는 일을 해보면 그 차이를 쉽게 느낄 수 있다.

조그마한 상자 하나 만드는 것쯤이야 너무 쉬운 일처럼 보이는데 막상 하려고 들면, 참 막막하다. 각각의 목재[1]를 나사못으로 연결하려면 상황에 맞는 구멍을 먼저 내야 한다. 드라이버를 이용해 힘으로 밀어 넣을 수도 있다. 하지만 단단한 나무라면 상황이 달라지고 나사머리가 튀어나와 있는 상태를 감수해야 한다. 전동 드릴[2]로 미리 나사가 들어갈 자리를 만들어주면 물론 해결이 된다. 문제는 용도나 구경이 다른 드릴 비트를 갈

1 흙에 발을 묻고 잎을 드리우고 살아있는 생명체를 보통명사인 나무tree라 부른다. 특별히 건축이나 가구 등에 이용하기 위해 베었거나 규격화된 재료를 지칭할 때는 목재timber라고 한다. 다른 재료와 구별되는 섬유 성분에서 목질화된 줄기 부분까지 폭넓게 가리킬 때도 나무이자 목재wood로 부른다. 나무의 세계는 같으면서도 같지 않은 오묘한 세계다.

2 목재나 콘크리트에 구멍을 내거나 나사못을 조이기 위한 도구인 전동 드릴은 다양한 용도의 드릴 비트를 장착해 사용한다. p.33 참조.

아 끼워야 하는 순간이 생기는 것인데, 이럴 때는 연결부위를 풀어 드릴 비트를 교체해야 한다. 전동 드릴을 나사못을 돌려 고정하는 전동 드라이버 용도로만 사용해 보았을 뿐, 내가 직접 드릴 비트를 교체하고 다시 조이는 것조차 해본 적이 없다는 사실을 알아차릴 즈음, 바보가 된 느낌을 가지게 된다.

수직을 유지하며 못이 들어갈 예비구멍을 내는 일, 정확하게 선을 긋고 나무를 재단하는 일처럼 지극히 단순한 일조차 직접 해보면 쉽지 않다. 누군가가 쓴 글에 몇 줄 댓글 달기는 쉬워도 짧은 기사나 칼럼 한 편을 온전하게 쓰는 일이 어려운 것처럼 말이다. 그렇게 '안다'와 '할 줄 안다' 사이에는 목청껏 소리 질러도 잘 들리지 않을 거리의 강江이 놓여 있다. 할 줄 몰라도 돈이라는 간편한 방법이 있기 때문에 굳이 강을 건너지 않아도 된다. 오직 강을 건너보고 싶다는 결정을 하는 사람에게만 강에 대한 고민이 생기는 법이다. 그리고 강을 연결하는 다리를 건너는 일에는 모험에 대한 의지와 용기가 필요하다.

선택을 하고 시간이 흘러 할 줄 안다는 뿌듯함에 잠깐 취하다보면 또 다른 것이 보인다. 나 혼자 쓸 만한 물건은 만들겠는데, 그것이 누가 보아도 부러워할 만한, 혹은 갖고 싶은 물건은 아니라는 사실을 발견하게 되는 것이다. 이런 물건을 만드는 일은 다리를 건너는 것이 아니라, 배를 타고 바다를 건너야 하는 일에 가깝다. 단순히 기능에 맞게 튼튼하게 잇는 것을 넘어 작

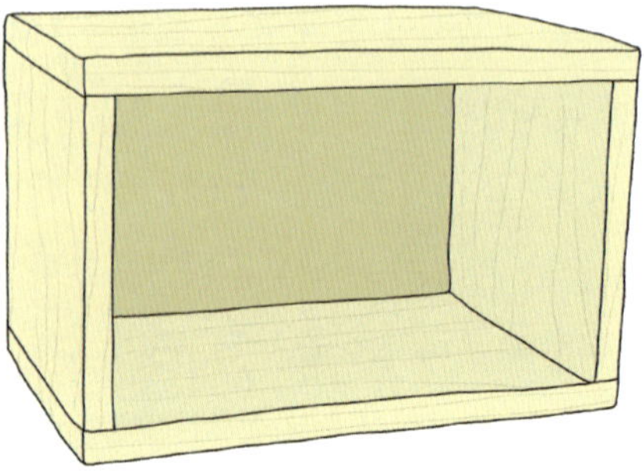

아주 평범해 보이는 나무상자를 만드는 방법은 여러가지다. 못과 같은 이질적인 재료로 연결할지 나무 자체만으로 연결할지에 따라, 한 쪽을 보이게 할지 아닐지에 따라, 어디까지 보여줄지에 따라서도 수없이 나뉜다. 어떤 방식으로 어떤 재료와 도구를 이용할지 선택했다 하더라도 실제 내 손으로 완성하는 것은 별개의 문제다.
나사를 조일지 구멍을 뚫을지 정해도 비트를 갈아끼우는 것조차 시도해봐야 어떻게 작동하는지 알 수 있다. 무작정 버튼만 누른다고 해결되지 않는다. 아는 것과 제대로 하는 것의 차이는 실행에 있다.

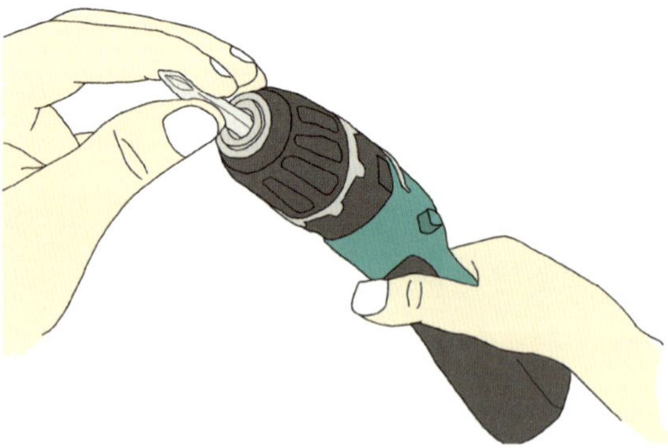

품을 만드는 일이기 때문이다. 수고로움과 인내는 당연하고, 시간이 얼마나 들어갈지도 알 수 없다. 잘한다는 것은 창의력에 걸맞은 내공이 필요한 단계고, 각오한 자 아니면 닿을 수 없는 세계다.

안다는 것이 할 줄 안다는 것과 많이 다르다는 사실을 첫 직장을 그만두고 알게 되었다. 하기 싫은 일, 더 이상 하기 곤란한 일과 결별하고 하고 싶은 일을 선택하는 과정은 쉽지 않았다. 그래도 하기 싫은 일을 하지 않고도 살아갈 수 있는 방법을 알고 있다는 자신감—나중에 자만이라는 것을 알게 되었지만—이 있었다. 몇 가지 준비를 하고 오래되어 낡은 이름들에 과감하게 작별을 고했다. 내가 알던 사실과 준비는 내 입장에서 그런 것이었을 뿐, 객관적이지도 충분하지도 않았다. 실패했고 좌절했다.

시간은 흘렀고 어렵사리 할 줄 아는 세계에 들어오게 되었다. 그와 동시에 할 줄 아는 것만으로 항해를 끝까지 마칠 수 없다는 사실도 잘 알게 되었다. 할 줄 아는 사람은 세상에 널렸고, 잘하는 사람이 되는 것은 또 다른 문제라는 것을 깨달았다. 두려웠고 그 혼돈의 와중에서 나무를 만나게 되었다. 그 나무는 생명을 다했지만 삶은 끝나지 않는 나무였다. 우연히 만나게 된 지인의 나무공방을 들락거리면서 살아있는 나무에서는 느끼지 못했던 열정이 생기는 것을 느꼈다.

책에서 본 떨기나무[3]라는 것이 특정한 나무의 이름인 것으로 알았을 만큼 나는 나무에 대한 지식이 없는 사람이었다. 산에 올랐지만 주위에 늘어선 나무들이 저마다 다른 종류라는 것을 느낄 만큼 관심도 욕구도 없었다. 볼품없이 쌓여있던 목재가 작거나 큰 저마다의 사물로 다시 태어나는 과정을 만나고 나서, 오히려 살아있는 나무에 더 관심이 생겼다. 잘 구별하지 못하던 나무를 다시 생각하게 되었다. 딸들에게 전해줄 작은 물건 하나 만들어보자고 시작한 일이, 비록 볼품없는 수준임에도 또 다른 세상을 만나는 계기가 되었다. 그렇게 그 겨울의 끝자락에서 나의 목공체험—막내딸은 아직도 이렇게 부른다—은 시작되었다.

3 키가 크지 않고 줄기의 크기가 특별히 차이가 나지 않아 원줄기와 가지의 구별이 어려운 관목을 일컫는다. 줄기가 곧고 굳으며 뚜렷하게 발달하는 나무인 교목과 구별된다.

제대로 쓰려면 정리부터…

기본을 시작하다

자주 찾아가는 온라인 공간 중에 '정리하는 블로그'라는 아주 훌륭한 곳이 있다. 운영자가 생업을 하면서 책과 강좌, 유익한 구절을 수년째 차곡차곡 쌓아놓은 아카이브 공간이다. 돈 벌고 살아가는 데는 별반 도움이 되지 않지만 마음의 키를 몇 뼘은 키워주는 곳이라 고마운 마음으로 자주 찾는다. 누군가는 정리가 인생을 바꿀 수도 있다고 말한다. 그리고 지금은 정리의 기술과 관련된 책이 베스트셀러에도 놓이는 시대다. 정리하는 방법을 알려줄 만큼 그렇게 실재와 가상 할 것 없이 복잡한 세상이 되었다.

아이들이 자리를 비우는 순간 이따금 방 정리를 대신할 때가 있다. 펜과 그림도구, 책들로 어지러운 방을 보다가 정리함을 많이 만들어두면 정리하는 습관을 들이는 데 조금 도움이 되지 않을까 생각했다. 막상 마음은 먹었는데 가능할까, 걱정부터 앞섰다. 집 안에 있는 여러 기물들이 그저 쉽게 만들어져 있는 줄 알았는데 막상 스스로 만들고자 하니 시도부터 난감했다. 어쨌든 시작은 해야 하고 그럴 때는 가장 기본부터 해보아야 한다.

흔히 공간박스라고 부르는 네모난 상자는 꽤 유용하다. 이것저것 골고루 담을 수 있다. 앞을 바라보게 하면 책처럼 가지런한 것들을 꽂을 수도 있고, 위를 바라보게 하면 종류에 구애 없이 물건을 담을 수도 있다. 크기나 모양만 잘 조절하면 실내

가구로 손색없이 꾸밀 수도 있다. 가구를 만드는 가장 기본 원리를 담고 있어서 공방에서 흔히 이뤄지는 DIY 수업도 대부분 공간박스 만들기부터 시작한다.

나의 목공체험(?)에는 몇 가지 원칙이 있다. 우선 고정된 교육프로그램보다 필요에 따른 물건을 다양한 방법으로 만들어 보는 것이고, 특별한 경우가 아니라면 재료는 공방에서 구할 수 있는 것으로 한다는 것이다. 제작하는 방법은 기능이 중요하다면 가장 손쉬운 방법이 우선이고, 그 다음 견고함과 외관을 생각하는 방향으로 진행한다. 잘할 자신이 있고, 완벽한 계획이 선다면 그때는 원하는 목재를 구해, 천천히 작업하는 것이다.

공방에는 쓰다 남은 느티나무 판재[4] 자투리가 제법 되었다. 지인에게서 얻어왔거나 기존 가구를 해체해 다른 물건을 만들고 남은 여분의 것들이다. 네모난 상자만 만드는 것이 목적이니 이 자투리들로도 충분히 뚝딱거릴 수 있다고 생각했다. 마침 폭 150㎜ 정도에 길이가 500㎜에 못 미치는 판재 두 장이 있었다. 두께도 11㎜에 불과해 다른 물건을 만들기에는 애매했기에 그것으로 정리함을 만들어보기로 했다.

4 판재는 두께가 75mm 미만이면서 너비가 두께의 4배 이상인 경우를 말한다. 두께와 너비가 75mm 이상이거나, 두께가 75mm 미만이면서 너비가 두께의 4배 미만인 경우 각재라고 부른다. 그리고 이 두 가지를 합쳐서 부재部材라고 말한다. 국립산림과학원, 「목재제품의 규격과 품질기준」, 고시 제2020-1호, 2020. 4. 20. 일부개정.

판재 한 장을 반으로 자르면 네 면에 세울 부재 4개 정도는 충분히 나온다. 잡동사니를 담아두는 용도였기에 크기에 크게 구애받지 않아도 된다. 바닥판은 소나무 집성목[5] 자투리를 이용하기로 했다. 재료는 모두 준비되었다. 판재 두께가 11㎜가 채 되지 않아 일반적인 나사못을 박기는 어렵다. 나사못의 두께를 고려하면 못이 파고 들어가다 나무가 터질 우려가 있다. 그래서 고정하는 일에는 타카와 접착제를 이용하기로 했다. 견고함과 외관에서는 떨어지지만 빨리 원하는 모양을 만들 수는 있다.

우선 작업대 바닥에 길이가 짧은 판재 두 개를 마주보고 세운다. 바이스에 물려 흔들리지 않게 고정하고 작업하는 것이 좋다. 처음 하는 작업이라 간편하고 빠른 작업방법을 택했다. 세워 둔 판재의 마구리면[6]에 목공용 접착제를 발라 얇게 펴고, 그 위에 나머지 긴 판재 한 개를 올린다. 접착제가 완전히 마르기 전 타카건tacker gun을 이용해 타카핀을 박는다. 타카건에 타카핀을 채우는 것이나, 기체를 압축시키는 컴프레서compressor에 연결된 선을 타카건에 꽂는 일 모두 생전 처음 해보니 어렵다. 안전핀을 풀고 나무에 타카건 입구를 밀착시키고 손잡이를 당긴다. 타카핀은 순식간에 30㎜ 정도 들어가 박히기 때문에 정확하게 직각으로 세워 박아야 한다. 이때 버팀 역할을 하는 손이 다치

5 통원목을 켜 일정한 형태로 절단한 뒤, 이를 접착제로 이어 붙여 만든 목재. p.27 참조.

6 나무를 지면과 수평방향으로 잘랐을 때 나이테가 보이는 횡단면. p.43 참조.

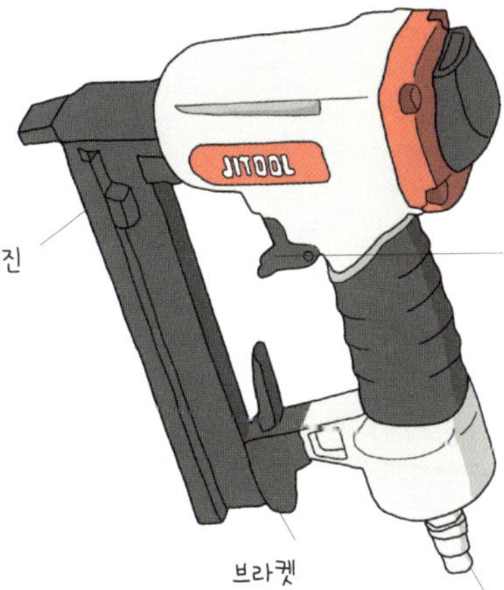

타카

일반적인 못보다 두께가 얇은 못을 발사해 목재를 연결하는 데 사용하는 도구다. 타카tacker, 네일건nail gun, 타정기 등으로 불린다. 휴대용 전기 타카보다는 대부분 공기의 압력으로 작동하는 에어 타카를 많이 사용한다. 부재에 수직으로 입구를 대고 방아쇠를 당기면 된다. 타카핀 머리가 자동으로 부재 내부로 들어가 박힌다.
사용 목적이나 용도에 따라 브래드 네일러brad nailer, 헤드리스 피너headless pinner 등 여러 가지 건의 종류가 있다. 일반적인 나사못을 박는 경우보다 외관상 못의 형태가 작고, 힘들이지 않고 박을 수 있다는 장점이 있지만 결속력이 그렇게 크지 않고 사고의 위험도 따른다.

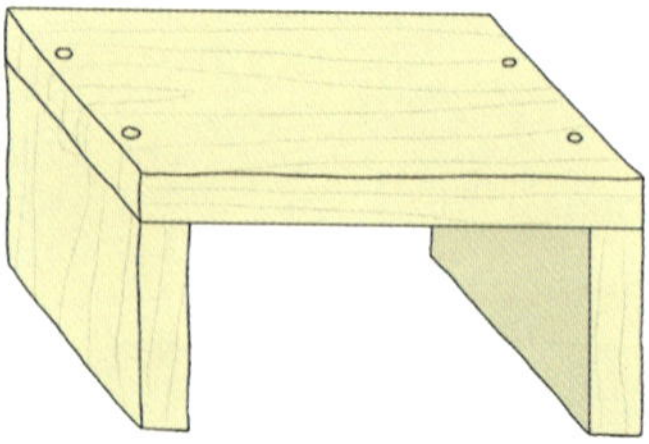

두 개의 옆판 위에 판재를 얹고 못을 박는다. 잘 고정하지 않고 작업하면 부재가 흔들려 엉뚱한 곳으로 못이 나갈 수 있다.

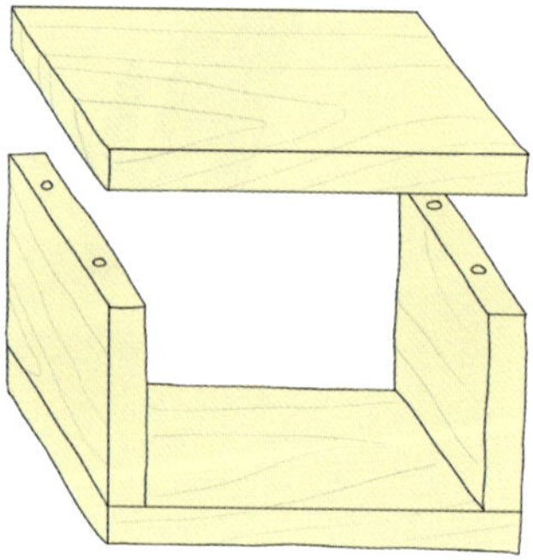

한 쪽이 결합되면 뒤집어 똑같이 작업한다.

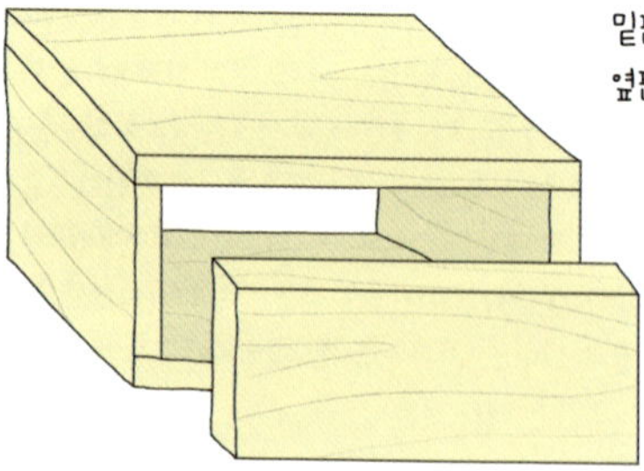

밑판 부분을 빈 공간으로 밀어 넣고 옆판 쪽에서 못을 박아 마무리한다.

지 않도록 유의해야 한다. 한 쪽 접합부위를 모두 박은 후 다른 쪽 접합부위에도 핀을 박는다.

3면이 'ㄷ'자 형태로 만들어지면 나머지 면에도 판재를 올려놓고 같은 방식으로 핀을 박아 네모난 형태로 만들면 된다. 이제 바닥판을 붙일 차례다. 옆판 조립한 것을 'ㅁ'자 형태로 세운 뒤, 그 사이 공간에 바닥판으로 쓸 판재를 밀어 넣는다. 그리고 네 면에서 핀을 박으면 된다. 옆에서 볼 때 밑판이 드러나지 않는다. 이렇게 접합하는 단계는 모두 끝이 났다.

이제 사포를 이용해 재단 중에 생긴 연필 자국이나 거친 면을 부드럽게 문질러 없앤다. 모서리도 문질러 날카롭지 않도록 다듬는다. 사포질은 칠을 하든 그렇지 않든 반드시 해야 하는 과정이다. 타카핀 자국이 남아 있어 깔끔하지는 않지만 다용도로 활용할 수 있는 공간박스가 어쨌든 완성되었다.

원목과 집성목

가끔 들르는 동네 빵집은 오로지 빵 맛으로 꽤 유명한 곳이다. 프랑스에서 유학했다는 파티셰의 언변이 아니더라도 달달한 맛이 덜한 빵 맛을 찾는 사람들이 많아 늦으면 빵을 구하기 힘들다. 특히 다른 가공이 되지 않은 바게트나 건강에 좋다는 통밀이나 호밀로 만든 것들은 좀처럼 구하기 쉽지 않다.

호밀로 만든 빵은 한국인에게 그리 친숙한 곡류는 아니었다. 호밀에는 끈기 · 탄력을 주고 모양을 잡아주는 글루텐gluten(단백질의 일종) 성분이 밀보다 적게 들어 있다. 호밀 빵이 밀가루 빵에 비해 더 딱딱한 느낌을 주는 것은 그래서다. 중세 시대 밀에 약간의 호밀을 섞은 회색 가루는 영주들이 먹었고, 호밀에 약간의 밀을 섞은 검은 가루는 하인들을 위한 것이었다. 도정이 쉬운 밀, 벼와 달리 호밀은 낟알에서 배아, 겨, 겉껍질 등을 분리(정제)하기가 힘들다. 일반 밀에 비해 호밀의 영양소가 풍부한 것은 이 덕분이다.

밀이나 보리와 같은 작물은 씨앗도 크고 이삭도 주워 담기 좋아 재배를 위한 작물로 선택되었을 가능성이 높다고 한다. 우리가 아는 호밀은 그 사이에서 자라난, 가려내야 할 잡초였다. 밀과 보리의 경작이 점점 북쪽 등으로 확대되면서 호밀의 분포지도 넓어졌다. 더 춥고 척박한 토양에서 더 강인한 특성을 이용해 밀이나 보리보다 품질도 좋고 더 많은 양의 곡식을 생산하게 된 것이다. 잡초에서 필수곡물이 된 것이다.

목재에도 호밀 같은 존재가 있다. 우리는 보통 가구 등에 쓰이는 나무 재료를 원목이라 부른다. 영어로 솔리드 우드solid wood 라고 한다. 자란 나무를 자르고 켜서 무늬가 살아있고 수축하거나 휘어지는 특성을 그대로 가지고 있는 나무를 말한다. 우리가 원목의 특성으로 거론하는 다양한 무늬와 향을 느낄 수 있는 나무다. 하지만 원목은 환경에 따른 변형의 염려가 있고, 재료의 수량이나 사용할 수 있는 크기가 한정되어 있다. 구할 수 있는 양도 한정되어 가격이 비싸다.

그래서 크기의 한계를 보완하고, 가격도 상대적으로 싸고 수축이나 팽윤swelling(물질이 용매를 흡수하여 부푸는 현상)에 따른 변형도 줄어든 가공목재가 바로 집성목이다. 솔리드 우드를 부분적으로 잘라서 접착제로 결합시킨 것이다. 집성으로 인해 무늬가 일정하지 않아 미적으로 떨어질 수는 있지만, 원목에서 생산할 수 없는 넓은 판재를 만들 수 있고 더 좋은 강도를 얻을 수 있다. 커다란 크기의 원목만 사용해야 한다면 작은 크기의 자투리 나무는 버려져야 하겠지만, 집성목으로 가공하면 크기에 따라 얼마든지 활용될 수 있다. 거기다 솔리드 우드가 가지는 변형의 단점을 상당 부분 줄일 수 있다는 장점이 있다. 공방 사장님과 목재상에서 구해온 여러 종류의 집성목을 창고로 옮기는 모습을 본 동네주민이 아들에게 저게 바로 원목이라는 거야라고 말하기도 했다. 크게 틀린 말은 아니다.

집성된 판재는 결합하는 방법에 따라 종류가 나뉜다. 톱니 모양이 윗면(넓은 면)에 보이는 톱 핑거 조인트top finger joint 방식은

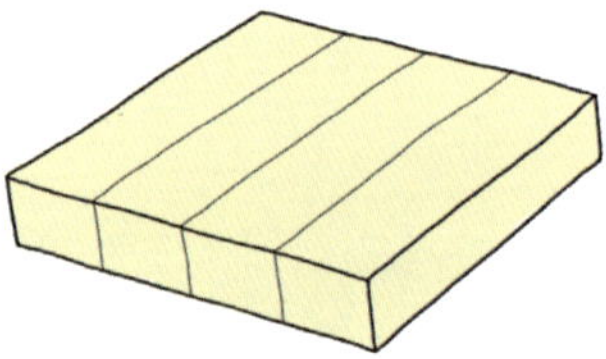

솔리드 조인트

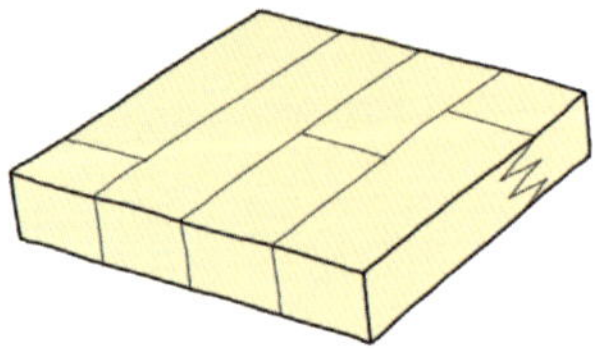

사이드 핑거 조인트

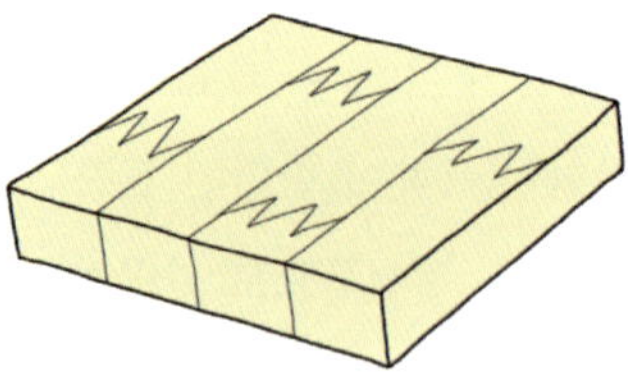

톱 핑거 조인트

가장 저렴하고, 톱니모양이 측면에 보이는 사이드 핑거 조인트side finger joint는 조금 더 비싼 편이다. 솔리드 조인트solid joint는 가장 원목스럽지만 긴 판재로 만들다 보면 옹이가 출현할 확률도 많고 가격도 가장 비싼 편이다.

대체적으로 가정에서 원목 가구라고 부르는 것들은 집성목으로 만들어졌다고 보면 된다. 집성목의 두께는 보통 9㎜부터 3㎜ 단위로 두꺼워진다. 두꺼운 것은 40㎜짜리가 있으며 이런 것은 주로 실내 목조 계단을 만들 때 발판으로 쓰인다. 책꽂이 같은 일반 가구에 가장 많이 쓰이는 것은 15㎜나 18㎜ 두께이다. 식탁의 상판은 주로 24㎜짜리니 30㎜짜리를 쓴다.

"이건 무슨 나무로 만들까요?"하고 질문을 하면 "이제 집성도 좀 해서 쓰라"며 공방 사장님에게 타박을 자주 듣는다. 하고야 싶지만 아직 실력이 되지 않는다며 손사래를 친다. 사실 집성에는 세심한 손길이 필요하고 시간도 오래 걸리기 때문에 인내가 필요하다. 만들어진 목재를 사다 쓰면서 비싸다고 투덜대기는 하지만 그 가격에는 이런 조바심과 미숙함에 대한 가격이 포함된 것이다. 호밀이나 집성목처럼 최고의 자리는 내주면서도 없어서는 안 될 존재가 되는 것, 우리가 자주 바라는 모습은 아닌가 싶다.

보이는 것과 그렇지 않은 것,
나사못과 목심

자투리 나무들로 만든 공간박스에 흩어진 물건들을 이것저것 주워 담아 보았다. 방 안의 물건을 종류대로 분류하자면 서너 개는 더 만들어야 할 것 같다. 정리를 하며 음악이라도 틀려고 보니 음악CD가 공간이 부족해 벽에 마음대로 쌓여있거나 침대 머리맡에 책과 함께 굴러다니고 있다. 이 공간에서 음악을 듣는 건 무리인가 싶다.

같은 음악을 함께 듣는다는 것은(같은 시간과 공간이 아니더라도) 비슷한 햇빛과 비슷한 바람을 맞으며 걸어가는 경험을 공유하는 것이라고 생각한다. 음악에 공감하는 일은 미래에도 여전할 테지만 음악이 딤기는 형식과 형태는 끊임없이 변할 것이다. 학창시절부터 용돈을 아끼고 아르바이트를 하며 사 모았던 LP와 CD를 이제 옛날처럼 자주 듣지 못하게 되었다. 맘 편히 음악에만 귀 기울일 시간이 없기도 하거니와 음악 외에 들여다보아야 할 것들이 많아졌기 때문이기도 하다.

디지털 파일까지 어느 새부턴가 하드디스크를 가득 채우게 되면서 아날로그 기물들은 가끔 먼지를 털어주어야 할 지경이 되었다. 20세기는 아마 음악이 물성을 지닌 사물에 기거하던 유일한 세기로 기록될지도 모르겠다. 더 이전 음악은 현장에서나 들을 수 있는 제한된 혜택이었다. 음악을 언제고 곁에 둘 수 있게 된 것은 음반이라는 획기적인 발명품이 나온 후부터였다. 21세기에 음악은 이름으로는 존재하지만 실물이라는 외피를 벗어던져 버렸다. 인터넷만 연결 가능한 곳이라면 세상의 모든 음악은 언제든 존재하는 시대가 되었다.

두 딸은 스마트폰에 연결된 MP3파일을 듣거나 유튜브나 다른 스트리밍 서비스 이용하는 것을 더 즐기지만 내게는 아직도 CD를 꺼내 듣는 일이 익숙하다. 청춘을 같이할 벗이 딸들에게는 너무 많다. 음악과 책 외에는 소심한 소년이 할 수 있는 것이 별로 없던 시절과는 참 많이 달라졌다. 그래도 방에 두고 하루에 한 장씩, 턴테이블에든 CD 플레이어에든 집어넣고 앨범 재킷부터 꼼꼼히 읽어가며 한 음악가의 작품을 음미하는 시간을 가져보는 것이, 느리더라도 좋은 삶을 사는 것이라 이야기하고 싶다. 소장해온 CD와 LP를 모두 딸에게 넘겨주는 이유이기도 하다. 기존에 있던 CD장에 넣어도 남는 것들과 자주 듣는 CD와 LP를 위해 따로 담을 상자를 하나씩 만들기로 했다. 물론 처음 배운 공간박스를 활용하면 된다.

그러기 위해선 조금 더 외관에 신경을 써야 할 것 같다. 그래서 이번에는 조금 더 두꺼운 판재를 이용해 못 자국이 드러나지 않는 상자를 만들어보기로 했다. 만드는 순서는 앞서 만든 것과 동일하지만 접합부위를 나사못으로 체결하고, 이를 외부에서 보이지 않도록 목심을 이용해 마무리하는 것이 달라지는 점이다.

우선 나사못 체결은 나무가 너무 얇지 않아야 하기 때문에

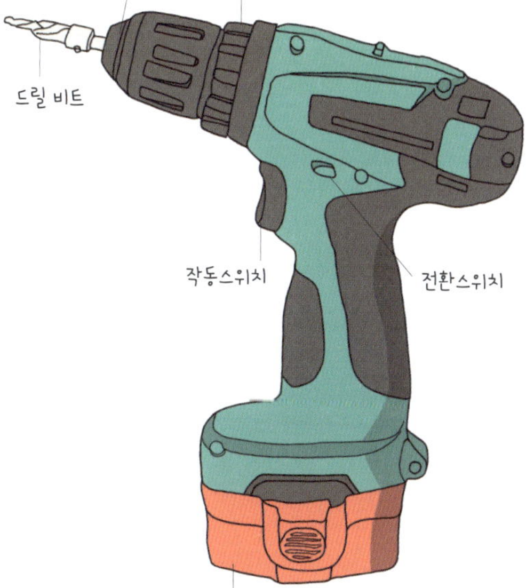

전동 드릴

구멍을 내거나 나사를 조이는데 이용하는 가장 보편적인 목공도구다. 원하는 크기와 깊이의 홈을 만들고 나사못을 목재와 직접 체결할 수 있다. 드릴 앞부분에 끼우는 날 같은 것을 드릴 비트drill bit라고 하며 그것을 드릴에 고정시키는 입 같은 부분을 척chuck이라고 한다. 척은 특별한 도구 없이 돌리면 고정이 되는 키레스keyless 척과 별도의 키를 사용해 고정시키는 키key 척이 있는데, 키레스 척은 간편하다는 장점이 있지만 연속적인 작업이나 강한 힘을 사용했을 때 풀리는 단점이 있다.

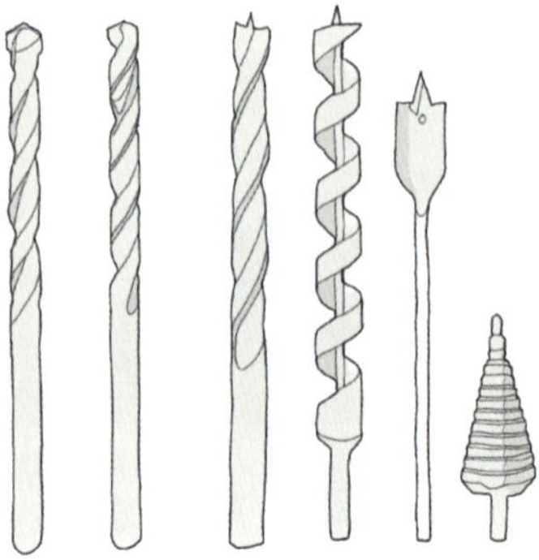

여러 종류의 드릴 비트.

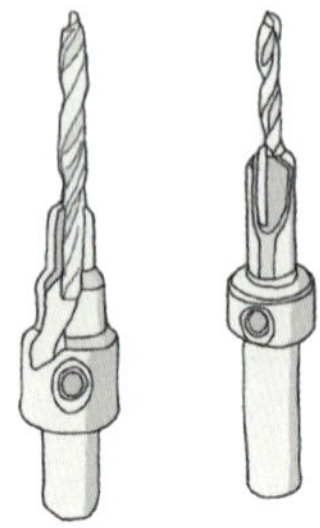

이중 드릴 비트를 사용하면 나사못이 들어갈 예비 구멍을 파는 동시에 나사못의 접시머리 자리까지 함께 만들 수 있고, 외관을 깔끔하게 하기 위해 좀 더 깊게 파 들어가면 나사못이 보이지 않게 목심을 박을 수 있는 구멍까지 만드는 것이 가능하다.

미송 집성목을 이용해 만들기로 했다. 합판이나 집성목은 숫자 뒤에 'T'를 붙여 이름을 부른다. ㎜를 대신하는 용어라고 보면 된다. 18T 정도면 나사못을 이용해 잇기에 적합한 두께다.

연결하는 부위의 견고함을 위해 이번에는 나사못으로 체결하기로 했다. 그러려면 전동 드릴을 이용해 먼저 나사못이 들어갈 자리를 만들어야 한다. 자리를 만들어줄 드릴 한 개, 나사못을 직접 밀어넣을 드릴 한 개, 모두 두 개의 드릴을 준비한다. 나무에 홈을 깊게 파 나사머리 부분이 부재(원하는 규격의 크기로 재고 잘라 다듬은 재료) 안으로 들어가도록 해야 한다. 나사 머리가 들어가고 남은 빈 공간을 목심을 이용해 모두 막게 된다.

나사못 예비구멍은 나사못 몸통 직경과 비슷하거나 조금 작은 크기의 비트를 사용하는 것이 좋다. 구멍의 깊이는 나사못의 길이에 맞게 파는데, 마스킹 테이프로 비트에 표시를 해 그 부분 이전까지 들어가면 멈추면 된다.

이중 드릴 비트가 물려진 드릴을 이용해 일정한 깊이로 홈을 내 들어갈 부위가 만들어지면, 다른 드릴로 나사못을 90°로 직각이 되게 잘 세워서 밀어 넣는다. 한 번에 계속 밀고 가기보다는 몇 번씩 끊어서 들어가도록 한다. 각도가 잘못되면 옆으로 나갈 수 있으므로 유의해야 한다. 앞서 공간박스를 만들던 순서대로 모두 나사못 자리를 만들고 나사못을 박아 완성한다. 순서

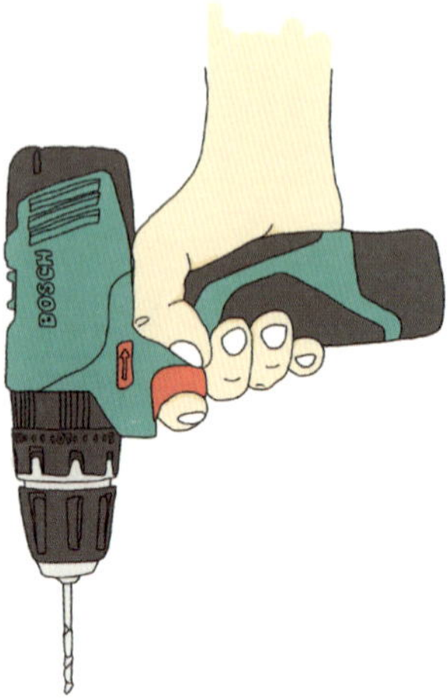

모든 과정은 이전 상자를 만드는 것과 같지만 드릴과 나사못을 이용하고, 나사못 자국이 보이지 않도록 목심을 사용하는 것이 차이점이다.

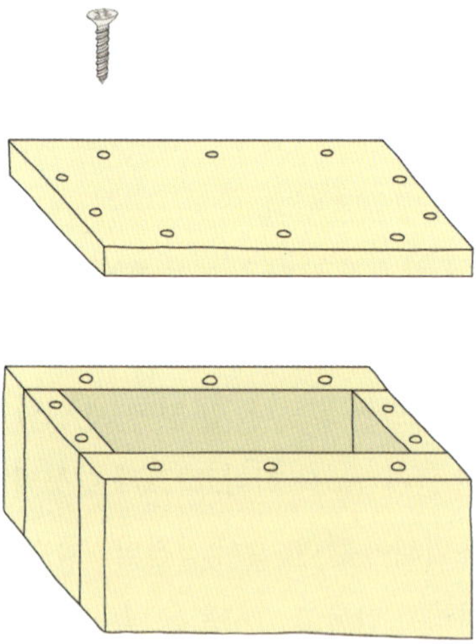

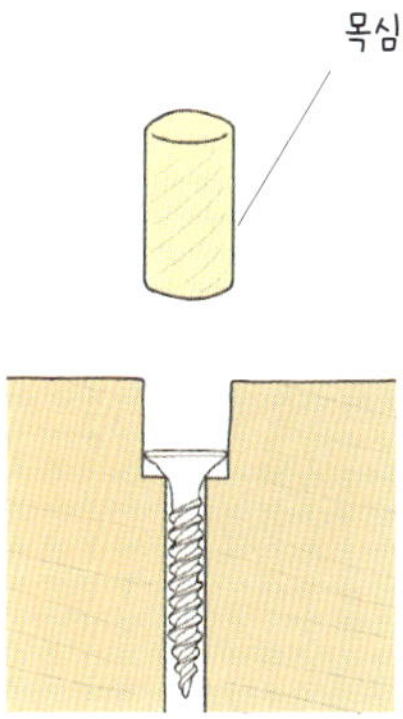

이중 드릴 비트로 홈을 낸 자리에 나사못이 들어가고 나면 빈 공간에 접착제를 발라 목심을 끼운다. 표면에 상처를 내지 않게 플러그쏘를 이용해 목심의 남은 부분을 잘라낸다.

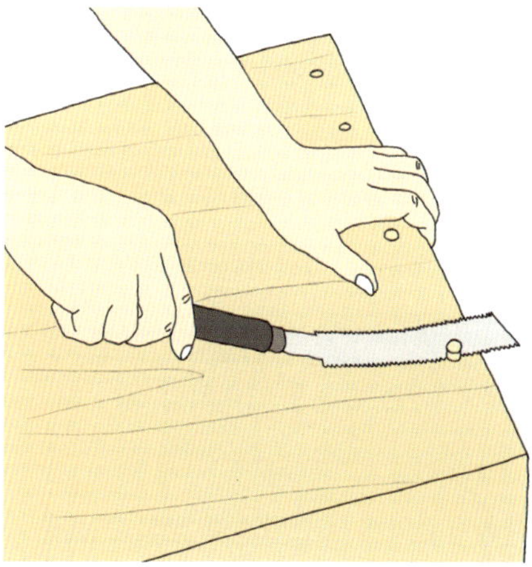

는 똑같다.

다음에는 목심을 이용해 홈이 생긴 부위를 메워야 한다. 이때 목심은 나사못을 감추기 위한 용도다. 시중에 판매하는 것도 있지만 나무에 따라 색상이 달라져 따로 놀 수 있다. 탁상 드릴(드릴프레스)을 이용해 같은 수종의 나무로 목심을 직접 제작하면 외관상 다소 자연스러움을 확보할 수 있다.

홈을 만들고 접착제를 바른 다음 목심을 꽂는다. 소형 나무망치로 쳐가며 밀어 넣은 뒤 플러그쏘를 이용해 잘라낸다. 이때 톱을 나무 표면에 수평으로 밀착시켜야 한다. 나도 모르게 조금이라도 세워서 자르게 되면 표면에 흠이 생기고 사포만으로는 흠을 제거할 수 없게 된다. 모든 홈을 목심으로 채우면 마무리가 된 것이다. 외부에서는 나사못이 보이지 않기 때문에 훨씬 깔끔해졌다. 이제 사포작업을 한 후 마무리하면 된다.

조금 자신이 붙어 LP를 수납할 상자도 만들어보았다. 버리거나 화목으로 쓰게 될 벚나무, 소나무, 편백나무 자투리를 모아 놓으니 상자만들기용으로는 부담이 없었다. 사포질도 하고 마무리를 해놓으니 수납용으로는 그럴싸하다. 레코드가게에서 할인행사를 할 때면 이것저것 고르던 추억도 떠올랐다. CD는 집성목 공간박스에 잘 꽂고 LP는 판매용 매대처럼 꽂아 베란다에 두었다.

DIY건 본격적인 목공작업이건 공간박스를 만드는 것을 가장 먼저 시도하는 이유는 아마도 가장 쉬운 형태이기도 하고, 이것을 응용해 여러 복잡한 형태의 물건으로 발전해나가기 때문이기도 할 것이다. 작은 상자지만 가로와 세로의 길이를 확장하고 중간 중간 구분판을 눕히거나 세워서 조립하면 책장이 될 수도 있다. 문을 달면 옷장으로 사용하는 것도 가능하고 좀 더 응용을 하면 책상이나 의자로도 변신할 수 있다. 가구 만들기는 부분적인 조각들을 다양한 방법으로 이어 단단하게 고정하는 일로 점차 확장되어 간다. 아름다움은 그 다음에야 덧붙여지는 것이다. 이렇게 출발했으니 어딘가에는 닿을 순간이 올 것이라 믿어본다.

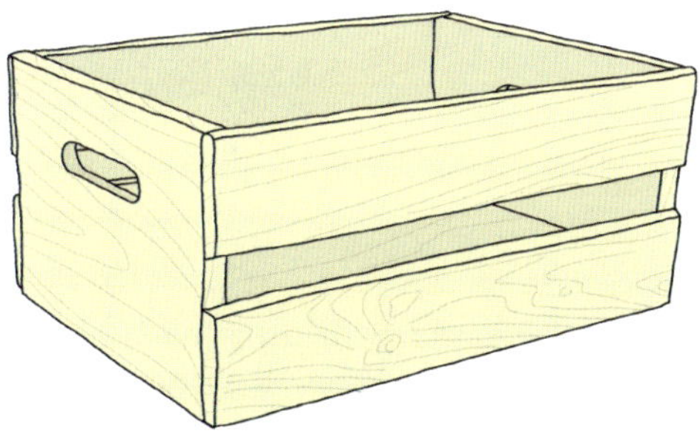

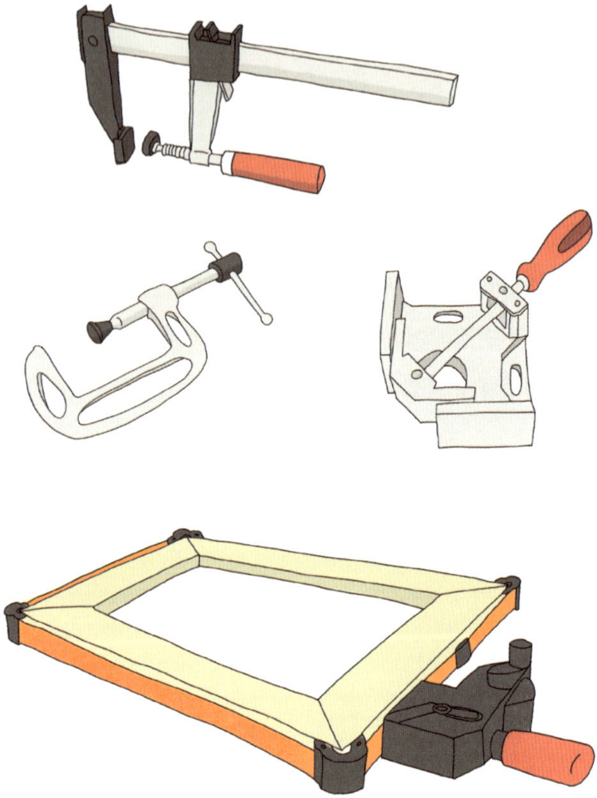

클램프clamp

부재와 부재끼리, 혹은 부재와 작업대를 단단하게 고정시켜주는 장치다. 바이스vice가 작업대에 고정되어 있는 형태라면 클램프는 작업 대상에 직접 사용하여 나사못 체결을 할 동안 고정하거나, 접착제가 마를 때까지 꽉 조여 주는 등의 역할을 담당한다. C클램프, F클램프, 밴드클램프 등 다양한 종류와 형태가 있다.

나무의 마음, 마음의 흔적…
나뭇결이 말해주는 것

플레이팅을 위한 도구들이 인기를 얻으며 도마에 대한 사람들의 관심도 부쩍 늘었다. 목공방에서 가장 많이 팔리는 품목이 도마라고 하기도 하고, 목공체험에서도 도마 만들기가 가장 일반적인 프로그램이라고 한다. 그래서인지 요리에 취미가 없더라도 월넛이나 메이플나무를 소재로 만든 근사한 도마 하나쯤 가지고 있는 집이 많다.

최근에는 엔드 그레인end grain 도마가 인기를 끌고 있다고 한다. 엔드 그레인 도마는 나무의 나이테 면이 일부분씩 위로 드러나도록 이어 붙여 만드는 도마를 말한다. 우리가 흔히 접하는 도마가 통나무를 수직방향으로 켜, 그대로 재단하는 종단면 페이스 그레인face grain 도마인데 비해, 엔드 그레인 도마는 나이테 면을 여러 개 수직 배열해 사용한다. 하늘을 향해 종방향으로 뻗는 물관과 섬유질의 미세한 기공들이 배수와 공기 흐름을 원활하게 해 위생적인 사용이 가능하고 뒤틀림과 휨 현상이 줄어든다고 한다. 나무를 이어붙이는 작업이 꽤 오래 걸리기 때문에 가격도 비싼 편이다.

마치 체스판을 연상시키는 엔드 그레인 도마의 독특한 외관 때문에 사람들이 관심을 보이기는 하지만, 사실 가구를 만들거

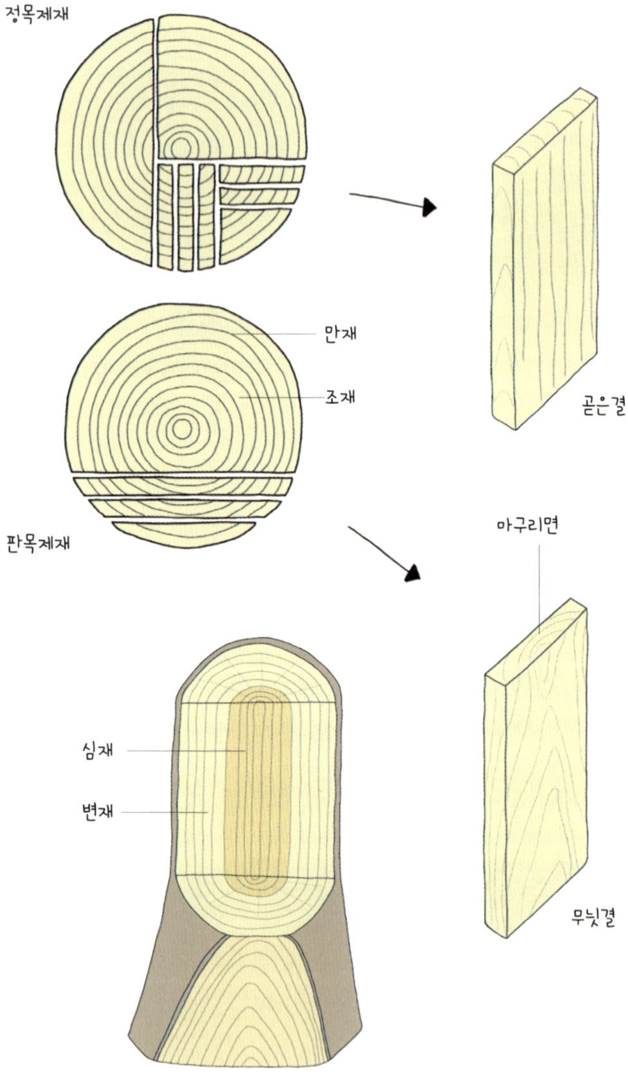
정목제재
만재
조재
판목제재
곧은결
마구리면
무늬결
심재
변재

나 목재를 다루는 목수들에게 엔드 그레인은 가급적 노출하기 꺼리는 부분이다. 대다수가 여러 개의 둥근 원을 일부분만 잘라 놓은 듯한 모습이기 때문에 아름다운 무늬들 사이에서 이질감을 주기도 한다.

나뭇결[7]을 부르는 명칭은 다양하다. 목재를 분류하는 용어에서는 위치와 형태, 기능에 따라 50여 개 넘게 나누기도 한다. 원목을 제재하는 방법에 따라 종방향 나뭇결long grain과 횡방향 나뭇결end grain로 나뉜다. 나무를 수평으로 자르면 나타나는 나이테가 보이는 무늬를 엔드 그레인end grain이라고 부른다. 마구리면이라고 불리는 면이다. 종방향 나뭇결은 다시 곧은결quarter grain과 무늿결plain grain로 나뉜다. 어떻게 나무를 켜느냐에 따라 결은 다른 모습을 취한다.

플랫 소운flat sawn 방식으로 제재(판목제재)한 경우에 드러나는 나뭇결을 무늿결이라고 부른다. 아마 우리가 나무무늬라고 하면 가장 먼저 떠올리는 무늬로, 물결무늬가 펼쳐져 있는 나뭇결을 말한다. 아름답고 화려한 느낌을 주는데 나무를 켤 때 목재 손실이 적어 곧은결에 비해 가격이 저렴하고, 일반적으로 많

7 나뭇결wood grain은 나무가 자라는 방향(축방향)으로 이어지는 구성세포들의 방향을 말한다. 흔히 나뭇결을 제재한 결과에 따라 조재early wood와 만재late wood의 대비로 나타나는 종단면의 '무늬'로 한정시켜 이해하기도 하지만, 세포들의 방향을 포괄하는 개념이다. 목리木理라고도 한다.

이 하는 제재방법이다. 대신 변형이 많다는 점이 아쉽다. 얇고 넓은 판재일수록 휨, 배부름, 뒤틀림 현상이 발생할 확률이 높다.

이와 달리 쿼터 소운quarter sawn 방식으로 제재(정목제재)한 경우 드러나는 나뭇결을 곧은결이라고 부른다. 수율[8]이 낮아 가공비는 더 비싸다. 곧은결은 평행한 직선형의 나뭇결이 특징인데 무늿결 방식보다 뒤틀림, 배부름 등 변형이 적고 고급스러운 느낌을 준다.

나무의 결을 들여다보고 만지면서 느끼는 두 가지가 있다. 한 가지는 아름다운 무늬일수록 나무가 겪은 수많은 방황이 쌓인 흔적들이라는 것이고, 다른 한 가지는 그 결의 모양이 보는 방향에 따라 참 다양하게 나타난다는 것이다. 계절을 따라 차곡차곡 조재와 만재가 겹쳐지면서 나이테를 형성한다. 나이테는 제재를 통해 여러 모양을 드러낸다. 물론 나뭇결이 나이테만으로 구성되는 것은 아니다. 목질 부분을 구성하는 다양한 섬유조직의 흔적 또한 전체적인 나뭇결을 이루는 부분이다. 다만 가려지거나 뚜렷하지 않은 경우도 많기 때문에 조재와 만재의 뚜렷한 경계가 나뭇결의 특징을 더 많이 가지고 있다. 나무를 단순히 횡단면으로 절단하면 나이테만 보이지만 세로방향으로 켜

8 제재를 통해 목재가 실제 활용되는 비율. p.218 참조.

면 그제야 나무의 황홀한 결, 고통과 열정의 과거를 느낄 수 있다. 왕성한 성장과 움츠리며 내일을 기약하는 시간의 움직임이 그것이다. 사람이라고 다르지 않다. 견디고 이겨낸 사람일수록 아름다운 마음을 지녔을 테니 말이다.

사람마다 지문이 다르듯 나무의 결도 저마다 다르다. 사람은 태어날 때 지문이 정해져 나온다면 나무의 지문은 다 살아내고서야 완성된다는 점이 차이가 난다. 그래서 나무의 결은 나무가 평생 만들어가는 지문이다. 다만 나무는 살아있는 동안 제 결을 드러내지도 볼 수도 없다. 목재로 쓰이고 나서야 살아온 흔적을 돌아볼 수 있다. 그러고 보면 사람도 죽은 후에야 알 수 있는 지문을 가지고 사는 것 같다. 그에 대한 평가는 눈에 보이지 않는 지문이다.

쉽게 이 나무의, 이 사람의 결이 이렇다 저렇다 단정해서는 안 된다. 물결치거나 크고 작은 원이 펼쳐지는 면이 있는가 하면 기다란 선으로만 일정한 간격을 유지하며 이어지는 면도 있다. 어디를 드러내느냐에 따라 결의 얼굴은 달라진다. 아름다움은 감춰져 있기도 하며 들여다보려 하는 노력에 따라 결정되기도 한다. 자라는 아이들의 무늬는 수도 없이 변해가며 자신의 지문을 완성할 것이다. 내 주변 사람의 무늬는 어떤지, 그동안 한쪽 면만 봐온 것은 아닌지, 나의 무늬는 어떤 모양일지 항상 생각해보며 살아야 하는 이유가 여기에 있다.

2장

가깝게, 가볍게, 간단하게

매일 보면서 나뭇결도 익히고 어떤 나무인지 판단도 해보고 싶었다. 하루는 공방 사장님께 여러 나무를 잘라놓고 무늬를 보면서 공부해보는 것은 어떻겠느냐고 의견을 구했다. 사장님은 고개를 저었다. 자주 들여다보면 알 수 있지 않겠느냐고 항변해보기도 했지만 답은 똑같았다. 같은 걸 계속 들여다본다고 나무에 대해 알 수 있다는 생각이 오만이라는 것을 점점 나무를 자주 만져보면서 알게 되었다.

이름이 같으면 같은 나무라는 생각은 착각이다. 같은 이름의 나무도 잘라놓은 부분에 따라 생김새가 다르고 어느 지역에서 온 것인지에 따라서도 다르다. 비슷한 이름으로 들어온 것이지만 엄연히 다른 나무인 경우도 있다. 특히나 목재는 잎과 열매를 볼 수 있는 것도 아니라서 안다고 말하는 것이 어렵다. 오래 일을 한 목수라면 사정이 조금 나아지기는 하겠지만 자신이 다루는 목재의 폭이 넓지 않다면 섣불리 말하기 힘들다. 전문 목재상이 아니라면 자신이 자주 다뤄본 것만 알 뿐이다. 고작 무늿결과 색깔 정도로 나무의 이름을 알겠다는 것은 만용이었던 셈이다. 이해하기보다 잘난 척해보려던 마음이 있었던 것은 아니었나 부끄러웠다.

‘라떼’ 혹은 ‘꼰대’라는 단어가 표현하듯 어른들이 자주 범하는 오류 중 하나는 “요즘 애들…”이라는 한마디로 아이들을 이야기하는 것이다. 무엇이든 한 묶음으로 대상으로 표현하는 것은 삼가야 한다. 상대방이 대응하지 않는다고 마음대로 말할 권리는 누구에게도 없다. 각각의 이름을 부르는 일에 우리는 때때로 너무 인색하다. 많이 달라지기는 했다지만 여전히 개인의 구체성을 존중하는 것보다 무리의 정체성을 유지하는 일에 더 활발하다. 나무도 사람도 그렇게 단순하지 않은데 말이다.

아이들과 산에 오르는 등산객을 위해 간단한 놀이도구를 구비해두려는 사장님의 부탁으로, 잠시 나무에 구멍을 내는 일을 했다. 토막낸 참나무 줄기와 가지를 다시 자르고, 드릴프레스로 여러 개의 구멍을 내는 작업이었다. 목심을 응용하면 여러 개의 참나무 조각으로 나름의 모양을 만들어내는 장난감을 만들 수 있다. 부모와 아이들이 나무망치로 목심을 박아가며 잠시나마 재미있는 시간을 갖는 모습이 보기 좋았다.

좋은 숯을 만드는 데 쓰이는 참나무는 자주 화목난로에 땔감으로 쓰였다. 여러 가지 사정으로 부러져 흩어진 가지들이나 죽어서 쓸모가 없어진 나무들이 대부분이었다. 잘 마른 참나무 줄기는 화력이 좋아 오래도록 온기를 가져다준다. 가구를 만드는 재료로 국산 참나무를 공방에서 본 적은 없다. 아마도 목재로 사용할 만큼의 좋은 품질을 지닌 나무의 수급이 잘 되지 않은 탓일 것이다. 대신 오크라는 이름으로 수입되는 나무들이 대부분 이용된다.

나무에 대한 관심이 조금 있는 사람이라면 알고 있듯이 참나무는 특정한 나무를 지칭하는 말이 아니다. 참나무속에 해당하는 나무들을 통칭해서 부르는 용어다. 국내에서는 떡갈나무, 신갈나무, 갈참나무, 상수리나무, 굴참나무, 졸참나무 등이 대표적인 참나무 수종으로 소개된다. 큰딸과 자주 오르는 동네 산에는 두 종류의 나무가 많은데 참나무와 소나무다. 산을 오르는 입구부터 참나무가 앞서거니 뒤서거니 하며 소나무와 경쟁하듯 산을 에워싸고 있다. 도토리가 떨어져 있는 자리가 참나무가 있는 자리다. 등산길에 자주 만나는 참나무는 주로 신갈나무이고 간혹 떡갈나무와 상수리나무도 눈에 띄곤 한다.

떡갈나무 잎　　신갈나무 잎　　갈참나무 잎

한동안 여러 종류의 참나무를 구별하는 것이 어려웠다. 사진과 설명으로만 이해하려고 하니 그랬던 것 같다. 직접 눈으로 보고 만져보고 익숙해져야 조금씩 알게 된다. 참나무속은 종간 잡종교잡이 흔히 일어나는 대표적인 분류군 중 하나다. 그래서 더욱 명확하게 구분하기 어렵다. 떡갈나무, 신갈나무, 갈참나무 잎은 줄기 쪽으로 갈수록 폭이 좁아지는, 거꾸로 세워놓은 달걀 형태다. 그리고 물결무늬가 톱니처럼 이어져있다. 떡갈나무와 신갈나무는 잎자루가 거의 없다. 이 둘 중 떡갈나무 잎이 더 크다고 하는데 크다는 기준이 모호해 그것만으로 구분하는 것은 거의 무의미하다. 잎의 뒷면에 회백색 털이 나있어 만져보면 두툼한 것이 떡갈나무, 털이 없이 상대적으로 얇은 잎을 가진 것이 신갈나무다. 참나무는 떨켜abscission layer(잎이나 꽃잎, 열매 등

졸참나무 잎

상수리나무 잎

굴참나무 잎

이 식물의 몸에서 떨어져 나갈 때, 연결되었던 부분에 생기는 세포층. 수분이 빠져나가는 것과 미생물이 침입하는 것을 막는다)를 발달시키지 않아 가을에 잎을 떨어뜨리지 않고, 이듬해 봄이 되도록 마른 잎을 그대로 달고 있다.

상수리나무와 굴참나무의 잎은 폭이 좁고 길이는 긴 타원형으로, 가장자리가 바늘형태의 톱니로 되어 있어 서로 닮았다. 신갈나무와 떡갈나무의 경우처럼 상수리나무는 잎 뒷면의 털이 적고, 굴참나무는 회백색으로 많다는 점이 다르다. 졸참나무는 달걀형태지만 크기가 떡갈나무나 신갈나무보다는 작고 톱니도 뾰족한 편이다. 열매로도 서로 다른 이 나무들을 구별한다지만 아직 그 정도 수준은 아니다.

세계적으로 참나무과Fagaceae에 해당하는 나무는 600여 종에 이른다고 한다. 참나무속*Quercus*에는 200여 종이 있다. 우리나라에 참나무 종류가 많은 것처럼 외국에서 자라는 참나무, 오크도 여러 이름으로 불린다. 매우 단단하고 무늬가 아름다워 외국에서는 옛날부터 선박, 가구를 만드는 데 많이 사용되었다. 와인을 숙성시키는 데 주로 사용되는 나무도 바로 오크다.

식물학적 분류와는 별도로 목재를 다루는 분야로 가면 오크는 또 다른 이름을 부여받는다. 서양에서 상업적으로 이용되는 참나무는 레드 오크 부류와 화이트 오크 부류로 나눠진다. 화이트 오크는 북미산과 유럽산(잉글리시 오크)으로 분류된다. 북미산 화이트 오크 그룹은 몇 개의 하위 종으로 구분되는데 알바 참나무*Quercus alba*가 대표적이다. 영화 「쇼생크 탈출」에서 가석방된 레드가 탈옥한 앤디가 숨겨둔 편지를 읽는 돌담 위로 서 있는 키 큰 나무가 화이트 오크 종류다.[1] 유럽산 화이트 오크는 잉글리시 오크라 불리는 로부르 참나무*Quercus robur*와 세실 오크(sessile oak)*Quercus petraea*가 대표적이다.[2] 유럽산 화이트 오크의 대표격인 로부르 참나무는 국내에서 자라는 떡갈나무와 잎이 비슷한 형태다. 그 때문인지 문학작품 속 오크는 떡갈나무*Quercus dentata*로 번역되는 경우가 많다. 로부르 참나무는 다른 화이트 오크와 동일한 특성을 공유하는데, 이 종의 나무 중 가장 유명한 것 중 하나로 영국 노팅엄셔Nottinghamshire 셔우드 포레스트Sherwood Forest에 있는 메이저 오크major oak라는 나무가 있다. 수령이 천년으로 추정되는, 로빈 후드와 그 일당들이 은신처로 사용했다고 전해지는 바로 그 나무다. 잉글리시 오크라 이름 붙여질 만큼 참나무는 영국에서 상징적인 나무다. 찰스 2세의 왕정복고를 기념하기 위한 날인 로열 오크 데이Royal Oak Day(Oak Apple Day)를 봐도 알 수 있다. 기념일 이름에 참나무가 들어간 것은 왕에 대한 지지

1 오하이오주 맨스필드에 있던 이 화이트 오크는 영화 속 유명한 나무로 손꼽히는데 2016년 강풍에 완전히 쓰러져 화제가 되기도 했다.(https://www.bbc.com/news/world-us-canada-36878985)

2 Eric Meier, 『Wood! Identifying and Using Hundreds of Woods Worldwide』, The Wood Database. 2020.

를 보여주기 위해 사람들이 참나무 가지를 옷에 꽂았다는 이야기에서 유래되었다고 한다.[3]

익히 알려진 이야기지만 로부르 참나무는 1936년 베를린 올림픽 마라톤에서 우승을 했던 손기정 선수 때문에 우리나라와도 인연이 있다. 올림픽에서 우승자에게 수여하던 월계관은 원래 월계수였지만 베를린 올림픽에서는 독일인들이 자랑하는 나무인 참나무 잎을 사용했다. 독일 참나무도 로부르 참나무가 대표적이어서 민족을 상징하는 문양 등에 자주 사용되었다. 하지만 우여곡절 끝에 국내에 들어온 나무는 월계수도, 로부르 참나무도 아닌 북미산 핀오크pin oak, 일명 대왕참나무*Quercus palustris*로 불리는 레드 오크였다.[4]

대왕참나무는 미국 동남부의 저지대에 주로 자라는 참나무 종류로 국내에서는 조경수로 수입하여 심고 있다. 대표적인 레드 오크인 루브라 참나무*Quercus rubra*와 닮았으나 잎이 거의 잎

3 http://projectbritain.com/calendar/May/oakday.html

4 손기정 선수가 기념으로 얻어 귀국한 묘목을 당시에는 월계수 묘목으로 알았다. 양정고등보통학교에서 지리와 박물을 가르치던 김교신金敎臣 선생이 이를 전해 받아 겨울 동안 자신의 방안에서 보관하다 하마터면 말라죽을 위기를 맞았지만 다행히 교정에 무사히 심을 수 있었고, 이후 손기정 기념공원에 옮겨 심었다. 『김교신 전집 별권_김교신을 말한다』, 노평구 엮음, 부키, 2001. 그런데 당시 로부르 참나무 묘목을 구하기 어려웠던 올림픽 주최측이 자주 수입하던 북미산 참나무를 전달한 것이었다. 옮겨 심는 과정에서 유전자 검사로 북미산 참나무라는 것이 밝혀졌다. 박상진, 「서울기념물 제5호, 손기정 월계관수」편, '박상교수의 나무세상(http://webbuild.knu.ac.kr/~sjpark/v1/)'.

맥까지 갈라지는 것이 차이점이다. 둘 모두 화이트 오크 계열인 독일 참나무와는 다른 종이다. 국립산림과학원이 얼마 전부터 고급 목재를 생산하기 위해 루브라 참나무 종을 우리나라에 들여와 육종시험을 하고 있다.[5]

유럽 남부와 아프리카 북부가 원산지인 코르크 참나무*Quercus suber*는 코르크 마개의 주 원료로 쓰이는 나무다. 국내 자생나무 중 코르크 층이 두터운 편인 굴참나무*Quercus variabilis*를 코르크 마개를 만드는 나무로 소개하는 경우가 있지만 다른 종이다.

최근 환경문제와 관련해 사람들의 입에 자주 오르내린 뜨거운 단어가 있다. 바로 삼나무다. 제주도 비자림로 확장 공사로 논란을 빚은 곳에 심겨진 나무가 바로 삼나무다. 성장 속도가 빠르고 나무줄기도 곧게 뻗어 고급 목재나 방풍림으로 쓰이는 나무다. 1970년대부터 제주 일대에 본격적으로 삼나무 인공림이 조성되기 시작했는데 비자림로 양쪽의 삼나무숲도 당시 만들어진 것이다. 목재로서의 가치를 인정받았지만 시간이 흐르면서 삼나무의 입지는 달라졌다. 관광객으로 통행량이 늘어나자 확장공사 요구가 생겼고, 토양을 산성화하고 다른 식물의 성장을 방해한다는 우려도 나왔다. 봄철이면 꽃가루가 알레르기 비염을 일으킨다는 문제점도 제기됐다.

5 국산 참나무보다 줄기가 곧고 크게 자라 경제적 가치가 좋은 수종으로 생각하고 있는 나무다. 국립산림과학원, 「루브라참나무 특성 및 생장」, 산림과학속보 제13-11호, 2013.

문제는 삼나무의 단점 때문에 지자체가 채벌을 결정한 것이 아니라 도로 확장이 이유였기 때문에 '개발 vs 보존'이라는 대립이 이어지고 있다. 추가로 실시된 환경영향평가에서 희귀동식물이 발견되면서 공사는 중단되었다. 아름다운 자연을 보기 위해 사람이 몰려들고 자본은 그것을 더욱 부추기고, 다시 자연은 그대로 자신의 모습을 유지하지 못하는 끝 모를 반복. 삼나무는 아마도 그걸 알고 있지만 침묵할 수밖에 없을 것이다.[6]

삼나무 또한 다양한 이름을 가진 수종으로 유명하다. 측백나무과Cupressaceae에는 130~140종의 나무가 있는데 삼나무, 편백나무나 측백나무, 메타세콰이어, 낙우송 등이 속해 있다. 삼나무라고 하면 대개 삼나무속*Cryptomeria*에 속하는 종*Cryptomeria japonica*을 말한다. 일본에서 흔히 스기sugi, 杉로 불리고 영문명으로는 Japanese sugi pine 혹은 Japanese red-cedar라고도 불리는 나무다. 편백나무와 함께 국내에서 '웰빙' 자재로 각광받기도 했다. 영문 명칭에 시더cedar라는 단어가 붙은 까닭에 시더라는 단어가 붙은 나무들이 자주 삼나무로 번역되어 불리기도 한다. 일반적으로 시더는 개잎갈나무속*Cedrus*의 나무를 말한다. 적삼목이

6 삼나무는 제주를 찾는 관광객에게는 환상의 경관을 보여주고 있지만, 다른 식물이 자라기 어렵게 만들어 제주 본래의 자연환경을 교란시키고 알레르기를 유발하는 범인이기도 하다. 이와 관련한 여러 가지 주장은 서울대학교 언론정보연구소의 팩트체크사이트에 잘 정리되어 있다.(http://factcheck.snu.ac.kr/v2/facts/950)

라는 이름으로 불리는 웨스턴 레드 시더(Western Red Cedar) *Thuja plicata*는 눈측백나무에 속하고, 이스턴 레드 시더(Eastern Red Cedar) *Juniperus virginiana*는 향나무속*Juniperus*이지만 시더로 불린다. 연필을 만드는 데도 적합하여 연필향나무pencil cedar라 불리기도 한다. 캘리포니아 삼나무로 불리는 칼로케드루스속*Calocedrus decurrens*도 향이 매우 진한 삼나무종류로 향삼나무incense cedar로 불리며 연필 제작에 사용된다.

삼나무라는 명칭을 이곳저곳에 쓰는 바람에 이를 대하는 사람은 혼란스럽기만 하다. 가져온 나무가 삼나무라고 하지만 사용자 입장에서 정말 어떤 나무인지는 종잡을 수가 없다. 학명을 정확히 분류해서 쓰지 않는 한 혼란을 바로잡기는 힘들겠지만, 모든 사람이 학명을 알고 쓰기를 기대할 수도 없다. 이런 혼란은 식물분류체계와 목재를 가공하는 분야가 다르게 나무를 분류하는 데서 나오는 것이다. 물건 만드는 데 무슨 상관이냐 하고 넘어가기에는 어딘가 찜찜하다.

가끔 나무의 이름을 안다는 것이 뿌듯하다가도 무슨 의미가 있나 싶기도 하다. 유통되는 이름 따로, 학명 따로, 구전되는 이름 따로이다 보니 무엇이 정확한 이름인지 구분이 안 될 때도 많다. 생김새와 특징이 비슷한데 계통이 다른 나무가 있고, 같은 계통 속에 있는데도 차이 나는 나무가 있다. 사람 사는 세상과 또 닮았다. 구별해서 불러줄 이유는 있지만, 구별했다고 달라지는 것도 없다. 아이를 바라보는 마음과 나무를 바라보는 마음이 비슷해 보인다. 이름을 안다고 그 속을 제대로 아는 것도 아니다. 그 특성이 어떻다며 함부로 속단할 일도 아니다.

나무를 잘 모르듯, 아이를 잘 안다는 것은 나의 착각일지 모른다. 오래 지켜보고 그 내면(성질)을 알아봐주고 거기에 맞게 제 갈 곳에 가도록 도와주는 것이 부모가 해야 할 일이고, 나무 다루는 사람이 해야 할 일이다. 그래서 이름은 알아주되 이름에 상관없이 사랑해줄 것, 구별하여 보려고 노력하되 함부로 단언하지 말 것, 그것이 목공을 통해, 나무를 통해 배운 것이다.

이름을 부른다는 것은 관심과 애정을 드러내는 것이며, 동시에 너를 너로 안다는 것, 구체적인 생각을 지닌다는 것이다. 한 단어로 묻히는 많은 것들이 사실은 얼마나 다른 것인지 깨닫고, 상처주지 않는 삶이 필요하다. 인간은 욕망 때문에 그럴싸한 이름을 자꾸 만들어낸다. 이름을 아는 것보다 지금 앞에 있는 누군가, 무엇에게 더 집중하고 마음을 열어놓는 일이 더 필요하지는 않을까 싶다.

폼 잡지 않아도 좋아,
간이책상이 필요할 때

공부는 학생의 본분이라 누가 말했는지 모르지만, 공부는 학생만의 것도 아니고, 학생이 진학을 위해 공부하는 로봇도 아니다. 아빠가 그런 시절을 보냈다고 딸들도 그렇게 살아야 하는 것은 더더욱 아니다. 이게 정말 필요해? 그런 말은 아마 오래전의 나도 했을 거다. 대부분 그렇듯 그런 질문의 답은 절반만 맞다. 내가 지금 배운 것이, 내가 지금 고민하며 힘들게 찾는 것이, 어떻게 쓰일지는 아무도 모른다. 드가의 멈춤도, 빠삐용의 도전도 모두 인정받아야 할 일일 뿐이다.

아마 나무는 살아갈 날만을 생각하며 성장의 조건을 갖추었을 것이다. 저마다 특성을 가지고 생존할 방법들을 가꾸었을 것이다. 자신이 서서히 죽어간 후에 어떻게 쓰일지까지 고려했다면 나무는 아마 다른 생존방식을 택해 생각지도 못한 형태로 진화했을지도 모른다.

"우리가 한 일의 결과는 죽은 다음에 나와."

나무를 심고 베는 일을 직업으로 하는 사람들이 등장하는 영화 「우드잡」에 나오는 대사다. 함께 모여 벚꽃 피던 어느 봄밤엔가 보았던 영화다. 삼나무를 키워 먹고사는 사람이 내뱉는 저 대사는 '불만'과 '다행'이라는 두 가지 감정을 동시에 담고 있다. 시험을 보았는데 그 결과를 우리가 알 수 없다거나, 내가 몸으로 산 삶이 정답인지 아닌지 모른 채 죽어야 한다는 말이니까. 멋대로 살아도 되는 것일까, 아니면 그래서 더욱 끊임없이 맞는 답을 위해 고민하고 노력하며 살아가야 하는 것인가. 어쩌면 이 물음에 대한 답도 죽은 뒤에나 알 수 있는 것인지 모르겠다. 그러니 매일 채소의 상태를 확인할 수 있는 삶을 택할지, 미래의 성과를 확신할 수 없는 나무를 가꾸는 삶을 택할지는 온전히 우리의 몫이다. 인간의 삶은 채소보다 길지만 나무보다는 짧은 어느 언저리에 있다. 조바심을 내기에도, 무의미하게 살아가기에도 모호한 시간이다. 어느 하나 쓸모없는 존재도 없고, 누구 하나 혼자서 잘난 삶도 없으니까.

막내의 요청으로 침대 곁에 두고 쓸 간이책상을 만들기로 했다. 책상에서만 버티며 공부하는 일이 누구나에게 쉬운 일은 아니다. 침대 머리맡에서도 걱정스러운 삶이 있을 것이다. 집중이 안 될 때면 아무데서나 좀 뒹굴며 다른 것을 들여다봐도 괜찮다. 침대에서 두고 쓰기 좋을 정도로 재단할 것, 올리고 내리기 편하게 가벼울 것, 간단하게 만들 수 있을 것, 세가지를 고려하기로 했다.

오동나무를 쓰면 좋겠다 싶었지만 구하기 어려워 삼나무 집성판재로 대신했다. 삼나무는 무게도 가볍고 가공도 쉬운 편이라 DIY용으로 많이들 쓰는 나무다. 가격도 상대적으로 싸고 구하기도 쉽다. 삼나무는 제주도에서도 잘 자라는 나무다. 하지만 현재 한국에서 일반적으로 판매되는 집성판재는 대부분 중국산이라고 한다. 저렴한 가구를 만드는 데 그럭저럭 가성비는 좋

테이블쏘 톱날의 높이를 조절해 옆판 판재를 끼울 수 있는 적절한 깊이의 홈을 낸다.

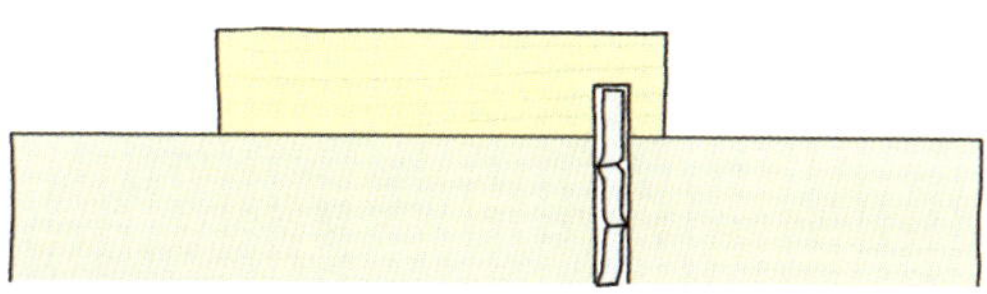

은 편이다. 신경 쓰지 않으면 잘 뜯겨나가기도 하고 가루가 많이 생기는 단점은 있다. 모두 충족시킬 재료를 구하는 일은 어렵다.

15T 판재 세 장과 다리와 상판에 못을 박아 고정할 각재 두 개로 마무리했다. 명색이 책상이라면 네 개의 다리가 필요하겠지만 판재 두 장이 다리 역할을 한다. 상판과 다리를 다른 부재를 통해 연결하는 것이 특별한 점이다. 상판 쪽에서 나사못으로 다리 쪽으로 박으면 되겠지만 상판의 나사못 틈으로 종이나 천이 끼일 수 있다. 그렇다고 목심을 박기에는 나무가 너무 얇다. 그래서 눈에 보이지 않는 상판 밑부분을 통해 연결하기로 한다.

쉽게 들어 올릴 수 있게 상판은 다리 바깥으로 조금 튀어나오도록 잡았다. 상판에 홈을 내 다리를 끼운다. 접착제가 굳으면 각재를 다리에 고정한 다음, 다시 각재 부분과 상판을 나사못으로 연결한다. 아예 쉽게 철물을 이용하는 방법도 있다. 크기가 작아 책상 밑에 넣어두면 쏙 들어간다. 있는 듯 없는 듯하다. 다리와 스칠 수도 있어 마감을 잘 해주어야 한다.

꽤 쓸 만했던 모양이다. 며칠 지나고 주문이 한 개 더 들어왔다. 대신 이번에는 상판 두께를 조금 두껍게 재단해 목심으로 상판과 다리를 연결하도록 했다. 다른 부분은 이전 방법과 동일하게 제작했다. 한 손으로 들고 다니기에도 무리가 없어 볕이 좋은 날은 베란다에 들고 가서 책을 보는데 쓰기로 했다.

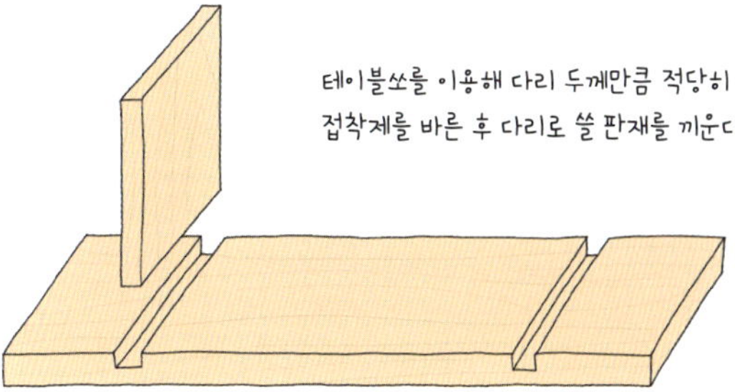

테이블쏘를 이용해 다리 두께만큼 적당히 홈을 파고, 접착제를 바른 후 다리로 쓸 판재를 끼운다.

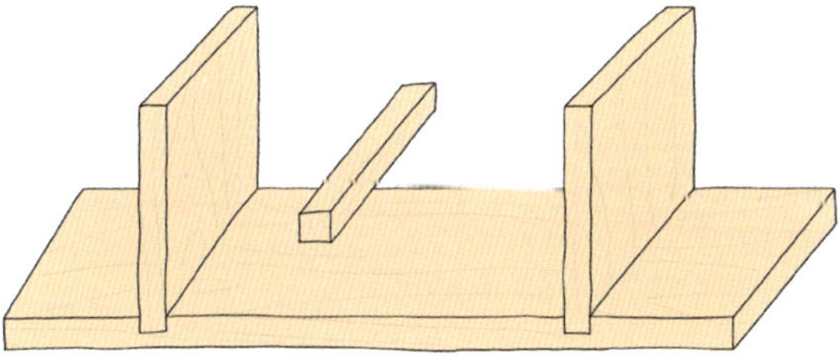

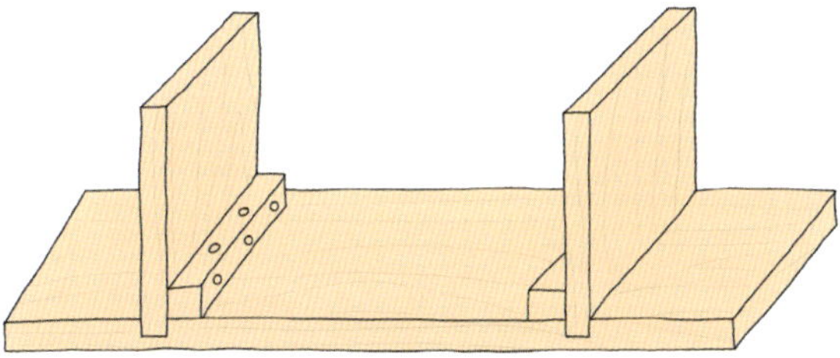

다리를 고정하기 위해 각재를 덧댄다. 각재와 상판, 각재와 다리 쪽을 각각 나사못으로 연결한다.

* 홈을 내어 끼우지 않고 목심으로 상판과 옆판을 연결한 두 번째 간이책상.

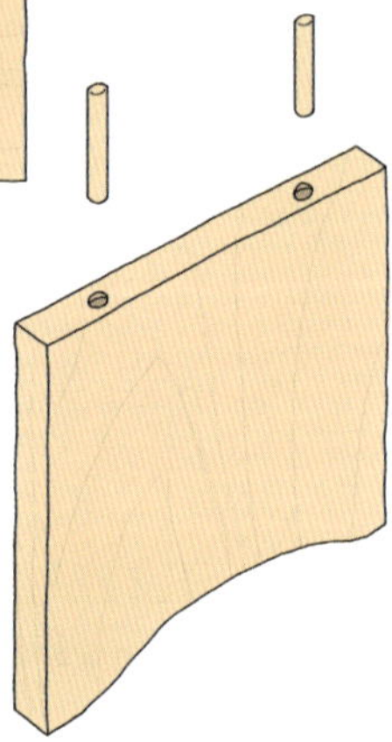

상판과 다리를 연결하는 방법을 조금 다르게 했다. 상판과 다리가 맞물리는 부분에 이중 드릴 비트를 이용해 홈을 낸다. 목심의 길이를 양쪽 홈보다 작게 자르고 접착제를 칠하고 홈에 꽂아 양쪽을 연결한다.

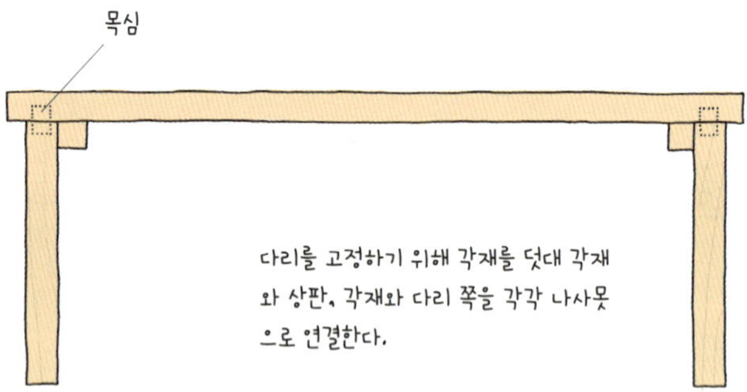

다리를 고정하기 위해 각재를 덧대 각재와 상판, 각재와 다리 쪽을 각각 나사못으로 연결한다.

효율의 의미를 생각하다

원목과 MDF

오래전 작지만 무거운 북셀프 스피커를 옮기다 모서리 근처에 흠집이 생겼다. 그땐 몰랐는데 공방에 다니고 난 후 스피커에 쓰인 것이 원목이 아니라 MDF를 시트지로 마감한 것임을 알게 되어 실망했던 기억이 있다. 원목(혹은 집성목)으로 만든 물건은 사용하는 곳의 습도나 기타 환경에 따라 얼마든지 변형이 일어날 수 있다. 목재의 특성상 어쩔 수 없는 부분이다. 나무가 주는 이런 수고로움을 맞닥뜨리고 싶지 않다면 방법이 없는 것도 아니다. MDF나 합판으로 물건을 만들면 된다. 이런 재료로 재고 잘라 이어 붙이면 만들기도 쉽고 변형도 없다. 기술이 발달해 심지어 원목과 구분이 잘 되지 않는 것도 많다. 겉은 무늬목을 이어 붙여 원목의 촉감을 느끼게 해주는 것도 있다. 태워보기 전에는 알 방도가 없는 것도 있다. 이런 것들은 이윤과 효율의 폭을 더 강화해준다.

합성목재 중의 하나인 MDF medium density fiberboard(중밀도섬유판)의 최대 장점은 값이 싸다는 것이다. MDF 덕분에 버려지는 나무가 없어지게 된다. 만약 국내에서 구할 수 있는 재료로 아파트나 사무실의 가구나 용품을 만들어야 하고, 그것을 모두 원목으로 만든다고 한다면, 한반도에 있는 모든 나무를 다 베도 감당할 수 없을 것이다. MDF의 원재료에 들어가는 나무는 어떤 나무라도 상관없다. 옹이가 있어도 되고, 갈라져 터진 나무도 되고, 버려지는 폐목이라도 상관없다. 이런 재료를 가루로 만들어 접착제와 함께 버무린 다음 일정 간격의 롤러 사이를 통과시켜 뽑아낸 판재가 MDF다.

MDF는 나무의 성분을 일부 가지고 있고 목재가 해야 하는 역할을 감당하지만 그렇다고 '나무'라고 부르지는 않는다. 첨가된 물질이 더 많기 때문이다. 우리가 아파트에서 만날 수 있는 신발장에서부터 붙박이장, 싱크대, 저렴하게 판매되는 책상이나 탁자, 책꽂이 같은 가구들도 MDF로 만든 것이 대부분이다.

MDF는 꽤 장점이 많은 재료다. 값이 싸기도 하지만 뒤틀리거나 갈라지거나 하지도 않는다. 변형이 없다. MDF의 마법을 가능하게 하는 일등공신은 바로 시트지다. MDF의 원판은 물에 약하고 나무의 결도 볼 수 없지만 시트지를 MDF에 붙이면 흡사 나무에 투명 래커를 두껍게 칠한 것처럼 보인다. 한걸음 더 나아가 무늬목으로 덮어씌운 것도 있다. 나뭇결이 좋은 커다란 나무에 칼날을 대고 나무를 돌리면, 이 나무가 종이처럼 벗겨져 나온다. MDF에 접착제를 발라 이 무늬목으로 감싸고 열을 가하면 마치 원목처럼 보인다.

공급자에게는 이익을, 수요자에게는 저렴함과 눈속임의 만족을 주는 지점에서 탄생한 것이 바로 MDF다. 경제학적 의미에서 효율은 최소의 자원을 사용해서 최대의 결과물을 얻는 데 초점을 맞춘다. 책꽂이가 있는데 최대한 저렴한 비용을 들여 책을 꽂는 기능을 충실히 수행할 수 있다면 효율적이라고 말할 수 있다. 책도 꽂지만 보기에도 아름다운 것을 만드는 것이 내 목표라고 한다면 그 사람에게는 들이는 비용보다 결과물이 얼마나 좋은지에 따라 그 방법이 효과적이라고 할 수 있다. 이 양자 간의 갈등은 늘 내재한다. 비용과 시간에 구애받지 않고 물건을 만들 수 있는 사람이 많지 않기 때문이다. 기능이냐, 아름다움이냐, 비용이냐 그 갈림길에서 끊임없이 갈등하는 것이 물건을 파는 사람이나 사는 사람 모두의 고민이다. 이윤 창출이 목적이 아닌 나 같은 사람에게도 적지만 늘 함께 하는 고민이다.

아이들이 세상을 살아가다 보면 찬찬히 들여다보지 않으면 잘 알 수 없는 것들이 많아질 것이다. 사람들이 가지고 있는 아름다운 마음도 시간을 들여 지긋하게 보지 않으면 잘 알 수 없다. 드러내 보이는 것이 점점 어려운 시절일수록 배려와 믿음이 필요한 것은 그런 어려움을 극복하기 위한 것이다. 현혹하고 이익을 취하려는 마음을 나무라는 물건에도 덧칠하고 있는 사람보다야 나무의 속이 훨씬 정직하다고 봐야 할까. 알다가도 모를 것은 나무가 아니라 사람이니까 말이다.

3장

멈춤은 뒤쳐짐이 아니야

버리는 것과 품는 것,
이산화탄소와 나무

자주 딸과 함께 동네 산을 오르면서 얻는 기쁨이 크다. 고작 한두 시간 남짓이지만 땀을 흘리며 나누는 대화도 좋고 산자락에서 마주하는 바람의 은은함을 느끼는 순간도 좋다. 신갈나무와 소나무가 내뱉는 초록의 평온함은 덤이다. 숱하게 보았지만 제대로 알지 못하는 나무들의 잎과 열매를 한 번이라도 더 쳐다볼 수 있게 만든 것도 산에 오르는 일이 던져준 선물이다. 특별히 연락이 올 일 없는 새벽 시간에 오르는 까닭에 스마트폰과 이어폰을 내려놓을 수 있어 좋은 점도 있다.

온난화를 일으키는 이산화탄소 배출에 대한 우려는 점점 커지고 있다. 더불어 나무가 갖는 생태보전의 역할을 인류가 얼마나 망각하고 있는지 매일 느낀다. 아무리 화석연료의 사용을 줄인다 하더라도 육식을 위해 끊임없이 동물을 사육하는 일이 반복되는 한 탄소 배출은 줄지 않는다고 환경단체들은 경고하고 있다.

인간을 비롯해 동물은 이산화탄소를 내뿜기만 하지만, 식물은 광합성을 통해 이산화탄소를 흡수하는 동시에 산소를 내뿜는 활동을 한다. 물론 식물도 호흡을 통해 산소를 마시고 이산화탄소를 내뱉는다. 하지만 광합성을 통해 삼키는 이산화탄소량이 호흡을 통해 내뿜는 이산화탄소보다 많고, 광합성을 통해 내뿜는 산소량이 호흡을 하느라 마시는 산소보다 더 많다. 그러니 열대우림이 파괴되면 그 자리에 있던 나무가 더 이상 이산화탄소를 흡수할 수 없을 뿐만 아니라 썩거나 혹은 산불로 타면서 저장했던 이산화탄소를 다시 배출하게 된다.

그렇다면 나무를 베어 건축에 이용하거나 가구를 만드는 것이 이산화탄소를 방출하는 원인이 되는 것은 아닐까. 벌목은 숲을 파괴한다는 부정적인 이미지가 강하지만 나무가 한번 흡수해서 고정한 이산화탄소는 베어진다고 곧바로 전부 방출되는 것은 아니다. 벌목 행위 사체가 대기 중의 이산화탄소 증가를 의미하는 것은 아니라는 말이다. 늙은 수목은 탄소 흡수 능력이 떨어지기도 한다. 적절한 벌목과 벌목한 자리에 조림이 제대로 이루어진다면 보다 많은 탄소저장효과를 얻을 수도 있다.[1] 물론 무분별하고 주변 생태를 고려하지 않는 벌목과 조림은 더 큰 문제를 야기하기도 한다.

나무는 나이가 들면서 죽거나 썩게 되고, 이에 따라 나무 안에 고정되었던 탄소가 서서히 배출된다. 산불이나 병·해충 등으로 파괴된 산림은 이보다 더 급격하게 탄소를 내뿜는다.

1 살아있는 50년생 소나무 한 그루가 약 1년 6개월 동안 흡수하는 CO_2의 양(8.3kg)을 목재 기둥 한 개(길이 3m, 폭 10.5cm)에 담아둘 수 있다. 국립산림과학원, 「빅데이터로 보는 산림」, 산림과학지식서비스 웹진. 2018. 8.

반면 벌채해 가공된 목재는 계속해서 탄소를 저장하고 있게 된다. 건축물에 사용된 경우 목재 속에 저장된 탄소는 그 건축물의 내구연한 동안 계속 저장된다.

내구연한이 다 되었지만 태우는 대신 다른 목제품으로 재가공하면 탄소의 저장기간도 늘어난다. 물론 처음에 품었던 양을 똑같이 품고 있는 것은 아니다. 기후변화에 관한 정부 간 협의체인 IPCC에 따르면 반감기를 제재목 35년, 구조용 패널 30년, 비구조용패널 20년, 종이 2년으로 제시하고 있기도 하다.[2] 개발과 무분별한 벌목행위에서 벌어지는 토양 파괴 등으로 토양이 품고 있던 탄소가 공기 중으로 배출되는 것이 오히려 더 큰 문제점일 수도 있다.

엘리베이터에서 마주치거나 주변을 산책하다 보면 어김없이 이어폰을 꽂고 스마트폰으로 동영상을 시청하는 분이 계신다. 우리 가족이 '유튜브 할아버지'라고 부르는 분이다. 경비아저씨까지도 요즘은 주로 뭘 보시냐고 묻는 걸 보면 항상 손에서 떼놓지 못하는 것 같다. 어린 아이들의 스마트폰 중독 문제를 이야기하지만, 최근 유튜브는 디지털기기에서 소외됐다고 생각할 노인층에게도 오히려 필수적인 물건이 되었다.

2 1970년부터 2012년까지 국산 목재제품의 탄소축적량을 적용한 결과 약 1,100만톤으로 추산됐다. 장윤성, 「목재제품 탄소축적량 평가 및 국가고유 탄소배출계수 개발에 관한 연구」, 서울대학교, 2015.

정보기기가 장악한 현실에서 벗어나 있다고 단언할 수 있는 사람은 없을 것이다. 사용자의 이용 성향에 따라 자동으로 넘어가는 유튜브의 장면 전환은 호기심을 충족시키는 중독성을 지니고 있다. 하지만 그것은 스스로의 호기심이 아니라 알고리즘의 호기심일 뿐이다. 관심은 작은 디지털기기 세상 안에 머물고, 자연과의 교감은 점점 멀어지고 있는 것이 현실이다. 특히 비대면 상황이 권유되고 있는 코로나의 시대를 살고 있는 현실이 '노모포비아nomophobia'[3]를 더 강화시키고 있다.

스마트폰이 보급되기 직전인 2007년에만 해도 전체 탄소발자국에 '디지털 탄소발자국'[4]이 차지하는 비율은 1%에 불과했지만, 2018년에는 3배로 늘었고 이런 추세가 계속되면 2040년에는 14%를 초과할 것으로 추정하고 있다. 모두들 산림파괴에만 관심을 기울이고 있는 동안 정작 주변에서 매일같이 일어나는 탄소 배출은 걱정하지 않고 사는 형국이다.

3 케임브리지 사전이 선정한 '2018년 올해의 단어'로 '노 모바일폰 포비아(No mobile-phone phobia)'의 줄임말. 스마트폰이 없을 때 초조해하거나 불안감을 느끼는 증상을 뜻한다.

4 디지털제품을 만들고, 쓰고, 버리는 과정에서 나오는 이산화탄소의 총량. 2015년 기준 하루 동안 스마트폰을 통해서 사용하는 데이터의 양은 1인당 60MB로 약 660g의 이산화탄소를 배출하는 셈이다. 1분간 전화 통화를 하는 데 3.6g, 이메일을 한 번 보내는 데 1g, 인터넷 검색 한 번에 약 0.2g의 이산화탄소가 배출되며, 비디오 스트리밍으로 1시간 동안 동영상을 보면 자동차로 1km를 주행하는 것과 비슷한 효과가 발생한다고 한다. 환경부 블로그(https://blog.naver.com/mesns/221632424922).

홈 하나로 휴식하는 길을 내다

디지털기기 거치대

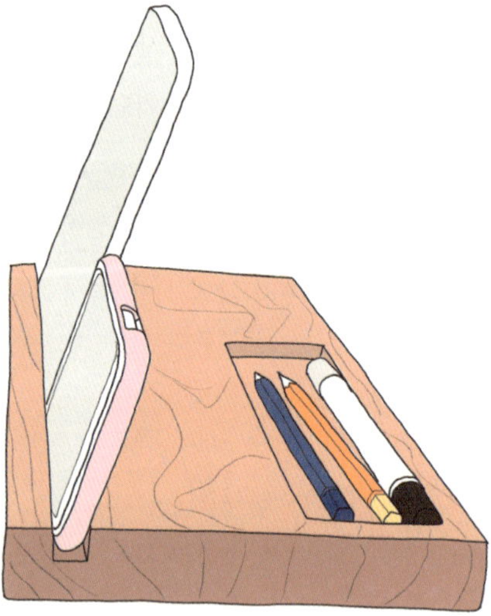

"이거 너무 핸드폰 매장 같잖아."

심드렁한 목소리를 내면서도 재미있다는 표정을 보았다. 손에 잡힐 거리에 두는 것보다 한 자리에 모아두면 무의식적으로 집어 드는 횟수가 조금은 줄겠지라는 생각으로 만들어본 거치대는 얼핏 아이들의 말대로 대리점의 스마트폰 진열대 같기도 했다. 아주 오래된 초기 버전 아이패드와 함께 두니 장식대 같기도 했고 PC 옆 포토샵으로 그래픽작업을 하는 태블릿과 같이 두니 전문가스럽기도 했다. 소기의 성과를 거둘 수 있기를 희망할 뿐이다.

우리 가족도 예외는 아니어서 스마트폰 없이 버티는 시간이 길다고 흔쾌히 답하지 못한다. 이미 생활화되었고 어쩌면 손이나 발처럼 신체의 일부로 여기는 것 같기도 하다. 적당한 선에서 조절하려는 노력 외에 극단적 방법을 취할 수는 없는 노릇이다. 최대한 그 시간을 늦추는 일에서부터 실천해 보아야 할 것 같다. 그래서 만든 것이 거치대다. 그림을 그리거나 온라인 방송을 시청하는 용도로 주로 쓰이는 태블릿은 참죽나무로 만든 거치대로, 스마트폰은 느티나무를 이용해 어느 곳에나 둘 수 있는 동물 모양 거치대로 만들었다.

태블릿 거치대는 트리머로만 작업했다. 이번 작업은 잇고 붙이는 일이 없는 간단한 것이지만 전동 공구를 이용해야 하는, 숙련이 필요한 작업이기도 하다. 트리머trimmer는 모서리를 다듬거나 다양한 홈을 팔 수 있는 도구다. 다양한 종류의 비트bit를 장착해 고속으로 회전시키면서 목재를 가공한다.

동일한 작업이 가능한 공구인 라우터가 있지만 트리머에 비해 크기가 크고, 무겁고, 힘이 세다. 손으로 잡고 작업을 할 때에는 크기와 무게 때문에 양손으로 잡고 사용해야 한다. 보통 테이블에 장착해 놓고 사용하는 경우가 많다. 트리머는 라우터에 비해 크기가 작고, 가볍고, 힘이 약해 보통 한 손으로 잡고 작업한다. 가공할 목재에 바닥판과 비트에 부착된 베어링을 완전히 밀착시키고 가공한다. 비트의 모양에 따라 다양한 형태의 홈을 파기도 하고 모서리를 둥글게 가공하기도 한다. 엇결을 만나면 부하가 걸릴 수 있으므로 부재를 뒤집어 가공하거나 최대한 엇결을 만나지 않도록 해야 한다. 그리고 과도하게 힘을 주어 한 번에 작업을 끝내려하면 비트 날이 손상되거나 결과물도 거칠게 된다.

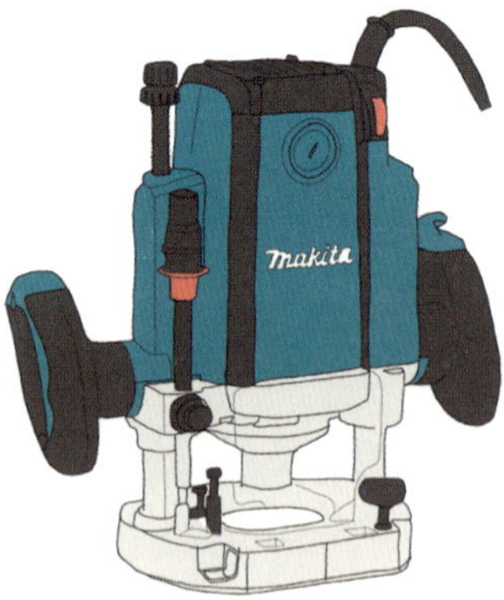

라우터(루터)

만드는 과정은 단순하다. 그렇다고 쉬운 것은 아니다. 기술과는 다른 힘과 눈썰미가 필요한 작업이다. 우선 참죽나무를 태블릿 두

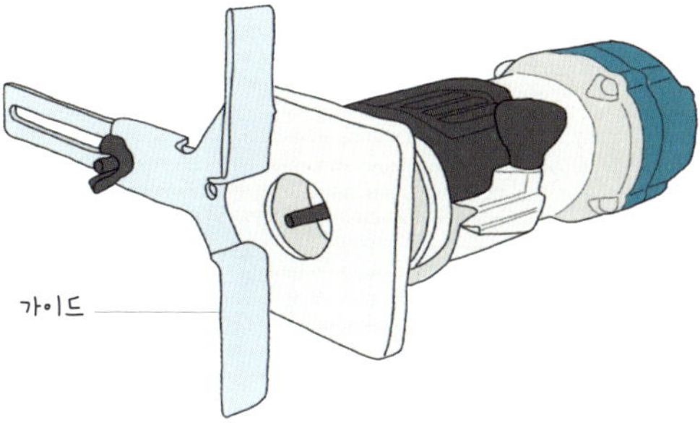

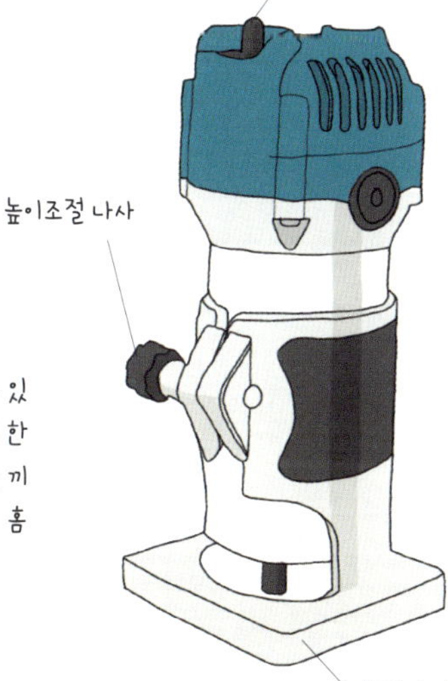

트리머

모서리를 다듬거나 다양한 홈을 팔 수 있는 도구. 다양한 종류의 비트를 장착해 한 손으로 들고 부재를 가공한다. 가이드를 끼우면 가장자리에서 일정 지점 떨어진 홈을 일정하게 파낼 수 있다.

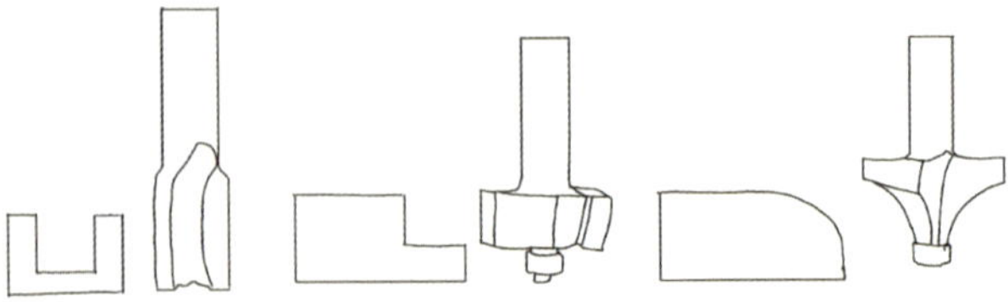

다양한 형태의 드릴 비트. 용도에 따라 비트를 교체해 가공한다.

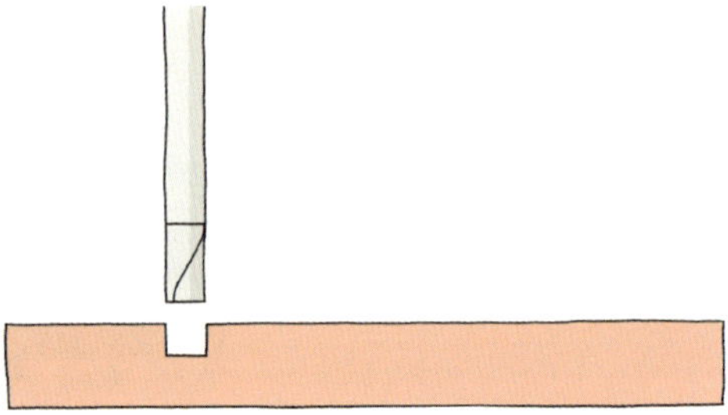

가이드를 활용해 가장자리에서 동일한 간격으로 홈을 파낸다. 경계 부분은 미리 끌로 파둔 후 정밀하게 마무리한다.

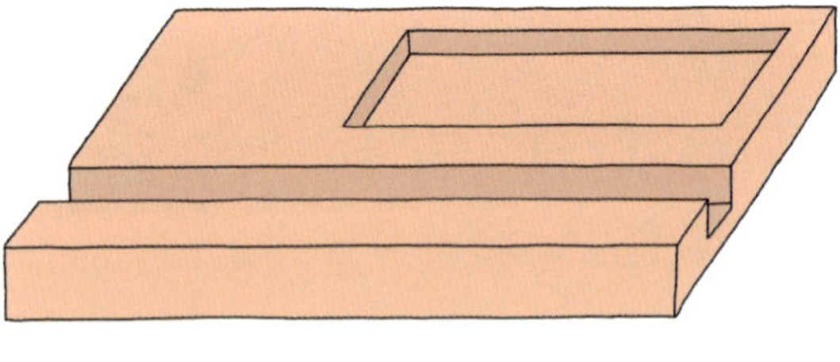

개를 올려두기 적당한 길이(400㎜)와 폭(200㎜)으로 절단한다. 그 다음 부재를 작업대에 올려 클램프를 물리고 단단히 고정시킨 다음 트리머를 작동시킨다. 날의 높이를 조정하려면 트리머의 높이조절 레버를 움직여 높이를 맞춘 후 시작하면 된다. 가이드를 이용하면 가장자리에서 일정한 거리가 떨어지도록 작업할 수 있다. 홈의 깊이는 거치시킬 정보기기가 적당한 기울기로 서 있을 수 있는지를 고려해 세팅하도록 한다. 미리 자투리 나무로 폭과 깊이가 맞는지 시험해보아야 한다.

앞쪽에 정보기기를 세워두는 홈을 파고 나면, 뒤쪽 여유 부분에는 필기구를 놓아둘 수 있도록 사각형의 홈을 판다. 미리 끌과 조각도를 이용해 사각형의 가장자리를 조금씩 표시해두면 트리머가 멈추어야 할 위치를 알 수 있어서 도움이 된다. 구역을 침범해 들어가는 것도 방지할 수 있다. 적당한 선까지 트리머로 진행하고 나머지 부분은 끌 같은 수공구로 섬세하게 마무리하는 편이 더 좋다. 바닥판에 가려 정확한 위치를 알기 어렵기 때문이다.

휴대용 스마트폰 거치대는 밴드쏘로 작업했다. 사용할 부재는 도마를 만들고 남은 느티나무 자투리로 진행했다. 스마트폰을 세워두어도 버티기 위해서는 부재의 폭이 20~30㎜ 정도는 나와야 한다. 밴드쏘는 양끝이 접합되어 있는 둥근 모양의 톱날을 상하 회전바퀴에 걸어 팽팽하게 한 후 회전시켜 부재를 절단하는 전동 공구다. 직선과 곡면을 재단하는 데 쓰이고, 홈을 내거나 두꺼운 목재를 얇게 가공할 때도 쓰인다. 천천히 진행되기는 하지만 손이 근접하는 경우가 많기 때문에 주의를 기울여야 한다. 곡면을 재단한다고는 하지만 급격한 방향 전환이 힘들고, 나뭇결에 따라 열이 발생해 멈춰설 수 있다. 바닥이 안정적이지 않은 부재가 날과 함께 회전하면서 톱날이 나무에 박히는 킥백 현상도 발생할 수 있기 때문에 무리하게 진행해서도 안 된다. 한 번에 모양을 내기보다는 결과 깊이를 고려해 조금씩 형태에 가깝게 다가가면서 마무리하도록 해야 한다. 한번은 작업 중에 톱날이 끊어져 갈아끼우느라 애를 먹기도 했다.

동물의 모양으로 거치대를 만들기로 했으므로 자투리 판재에 연필로 모양을 그리고 전체적인 윤곽위주로 작업을 시작했다. 나머지 부분들은 괜찮지만 스마트폰을 올려놓는 꼬리 부분을 신경 써야 하는데 정밀한 작업은 곤란하다. 홈이 생기는 부분의 직경이 2㎝ 미만이기 때문에 톱날의 정상적인 회전으로는 절대 원하는 모양을 만들 수 없다. 여러 번으로 나눠 아주 근접한 직선을 여러 개 낸 다음 잘게 조각을 내며 모양을 만들어간다. 밴드쏘로 대충의 모양을 잡고 나머지 면을 다듬는 작업은 전동 끌이나 수공구 끌, 조각칼 등으로 후작업을 해야 한다. 눈을 표현하기 위해 이중 드릴 비트로 작은 홈도 내주었고 사포작업으로 마무리 해주었다. 스마트폰을 중간 중간 얹어가

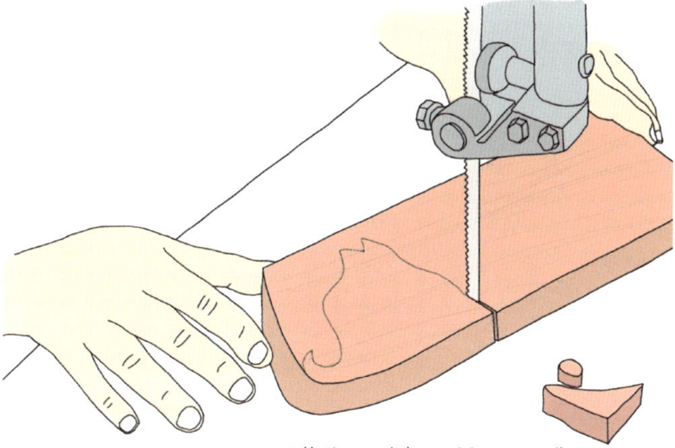

사용할 부재에 연필로 도안을 그리고, 밴드쏘를 이용해 윤곽을 따낸다. 윤곽면은 카빙나이프나 끌을 이용해 다듬고 사포로 연마해준다.

며 자리를 잡아보는 것도 좋다.

거치대를 각자 하나씩 가지고 저마다의 방으로 흩어졌다. 거치만 해두었으면 좋겠는데, 손 안대고 올려두고 시청하는 사태가 벌어질까 살짝 두렵기도 하다. 어쩌랴 어떤 의도든 그대로 이뤄지는 경우는 쉽지 않으니까. 조금은 도움이 되기를 바라야지.

비워야 쓰이지…
수분과 나무, 그리고 인생 2막

성장 일변도의 시대가 끝나고 인간의 노동은 더욱 소외되는 상황이 벌어지고 있다. 일자리는 더욱 줄어들고 생계를 걱정해야 하는 사람은 많아진다. 좋은 말로 인생 2막을 이야기하지만 만만치 않은 이후의 삶을 준비해야 한다. 나도 마찬가지였고 지금도 현재 진행형이다. 두 번째 삶은 이전의 삶에서 가져온 것을 모두 버리는 것에서 시작해야 한다고 많이들 충고한다. 새롭게 던져진 것들 앞에서 이전 것들은 그리 중요하지 않는 현실이 씁쓸하기도 하다.

공방 사장님의 호출에 달려가 보았더니 공방 뒷마당에 세워진 트럭에 나무가 한가득이다. 어디서 이 많은 나무를 사오셨냐 했더니 공짜란다. 구청에서 가로수 정비사업으로 버려지는 것을 본인이 다 떠안겠다고 했단다. 그걸 제재소에서 켜 들여오는 중이었다. 나무는 공짜였지만 켜느라 들인 돈은 적지 않아 보였다. “남들이 보면 엄청나게 규모 큰 공방에 돈도 많이 버는 줄 알겠다”며 흘리는 너털웃음에 고민도 함께 담겨 있음을 알 수 있다.

나무는 베어지고 난 후에도 자꾸 변한다는 점이 나무로 가구를 비롯해 무언가를 만들어야 하는 사람들에게 큰 고민거리다. 사람은 숨을 거두는 즉시 사라지지만, 나무는 아주 서서히 사라진다. 수분 때문이다. 수분이 서서히 빠져나가는 시간을 거쳐야 한다. 수분이 사라지지 않은 나무는 땔감으로도 적절하지 않다. 아마도 오래도록 살아온 시간만큼 내보내야 하는 시간을 거치도록 하는 죽음의 전략인지도 모르겠다. 금방 이용할 수 있었다면 그만큼 쉽게 버려지고 사라지지 않았을까. 아무튼 수분이 빠져나가야만 나무는 목재로 제2의 삶을 살 준비가 된다.

잘린 직후의 생나무는 세포벽과 세포강이 수액과 수분으로 채워져 있다. 시간이 지나면 물관 등에 있던 '자유수free water'가 모두 증발하고, 세포벽에 '결합수bound water'만 남는 상태가 된다. 섬유포화점fiber saturation point에 이르는 것이다. 이때까지는 나무에 변화가 없다. 이 지점을 지나고 건조가 계속되어 결합수가 증발하기 시작하면 세포벽에 변화가 생기고 나무에 수축이 발생한다. 대기의 조건과 균형이 유지되는 수분을 함유한 상태가 되어야 일반적인 재료로 목재를 쓸 수 있는데, 국내의 경우 대체로 평균 15%의 함수율을 기준치로 하고 있다.[5] 함수율moisture

5 대기 중의 온·습도 조건과 평형을 이룬 평형함수율을 기건함수율이라 한다. 국내 기건함수율은 지역 및 계절별로 차이가 있지만 평균 14%이고, 그 범위는 12~16%이다. 일본의 경우는 평균 15%, 범위 12~18%이며, 미국의 경우는 12~15% 범위로 알려져 있다. 산림청, 『산림과 임업기술 제4권 임산물 생산이용』, 2000.

content은 건조되지 않은 목재의 무게에서 건조 후 목재 무게를 뺀 다음 건조 후 목재의 무게로 나눈 후 100을 곱한 값을 말한다. 적어도 10% 이하로 떨어져야 실내에서 쓸 수 있는 가구를 만들 준비가 되고 7~8%가 적당하다고 한다. 적절하게 건조되면 사용 중에 수축하거나 부풀어 오르는 것을 어느 정도 막을 수 있다. 당연히 비틀림이나 갈라짐 등과 같은 결함의 발생을 크게 줄일 수 있다.

공방 뒷마당에는 이미 이전부터 건조를 기다리며 쌓여 있는 나무들이 있다. 천연건조 되고 있는 나무들이다. 천연건조란 목재를 야외에 쌓아 대기에 노출시켜 건조하는 방법이다. 공기가 흐르게 하기 위해 목재 사이에 사잇대sticker를 넣고 목재를 쌓는다. 비틀림을 방지하고 균일한 통풍을 위해서다. 천연건조는 기건함수율 이하로 건조하기에는 부족한 점이 있다. 전문적으로 나무를 건조시키는 업체에서는 건조로에서 열을 이용해 수분을 없애는 방법이 동원된다. 열기건조는 온도와 습도가 조절되는 실내에서 수종과 두께별로 건조하는 방법이다.

목재로 쓸 만큼 수분이 적당한 상태가 되었다고 해서 나무의 활동이 멈추는 것은 아니다. 나무는 주위의 습기에 민감하게 반응해서 미세하지만 수축과 팽창을 거듭한다. 목재는 방향별로 다른 수축률을 보이는데 길이방향으로는 거의 변화가 없고 폭방향으로 변화가 생긴다. 이를 수축이방성이라 한다. 나

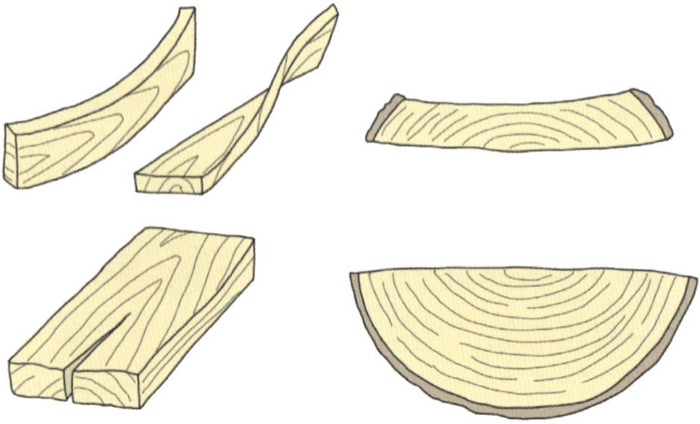

목재가 품고 있는 수분이 주변 환경과 조화를 이루는 순간이 될 때까지 끊임없이 변화를 겪는다. 수축하거나 휘고 뒤틀리거나 갈라지는 것을 최대한 막기 위해 충분한 건조과정을 거쳐야 한다.

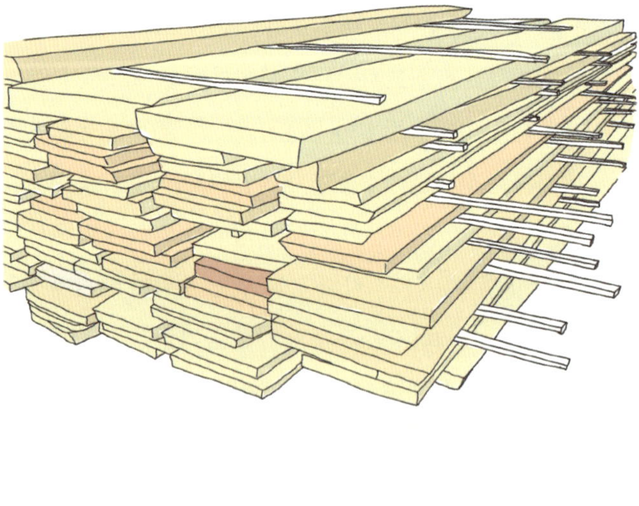

무를 켤 때 어떤 방식과 모양으로 켰는지에 따라서 모양이 다양하게 휘어지거나 틀어지고 변화하기도 한다. 그것도 나무마다 서로 다른 차이를 보인다. 습기 많은 여름날에 부재를 잘라 바로 제작하지 않고 방치했다가 휘어버리는 경험은 쉽게 할 수 있다. 그래서 제작을 위해 재단한 목재를 당장 쓰지 않을 경우에는 꽁꽁 동여매 두어야 한다.

목재를 구매하게 될 경우 왜 이리 비싼가 싶은 생각이 들 때가 있다고 이야기 했지만 곧바로 쓸 수 있는 목재란 이런 과정을 거친 것이고 거기에 비용이 첨가된 것이다. 나무의 두 번째 삶은 이런 지음 과정을 거친 후에야 시작되는 셈이다.

누구나 그럴듯한 젊은 시절을 산다. 시간이 지나 노쇠하거나 생각이 달라지면서 다른 삶의 방향을 선택하기도, 내던져지기도 한다. 그 다음의 시간은 이전과 많이 다르다. 겪어야 할 날씨와 낮과 밤이 다르다. 이전에 가지고 있던 생각 중 많은 부분을 내려놓거나 다시 재장전할 것을 요구받기도 한다. 이전의 지식과 경험이 그대로 통하지도 않는다. 맞춰가야 하는 삶이 남아 있는 까닭이다. 누구에게나 그런 순간이 온다. 무엇을 견디고 무엇을 버리고 무엇을 얻어야 할지 선택하는 순간이 온다. 나무도 나도, 먼 훗날 아이들에게도 그럴 것이다.

움직이며 멈춰있기,

벤치스툴에 앉고 눕고

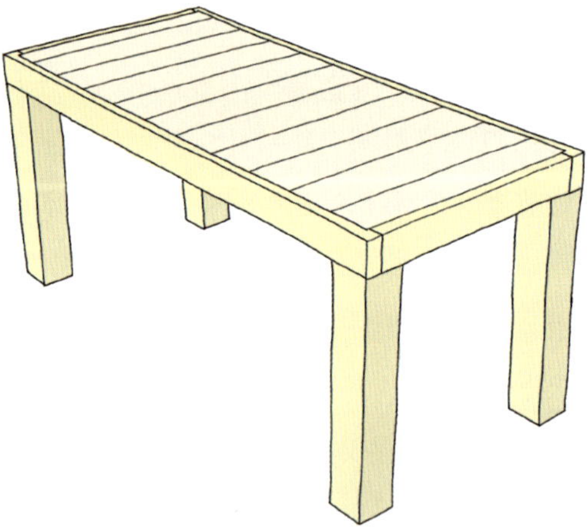

목본식물이 초본식물과 구별되는 것은 리그닌이라는 물질에 있다. 셀룰로오스cellulose를 리그닌lignin이라는 아주 강력한 접착물질이 단단하게 붙잡아주어 나무가 하늘로 키를 뻗도록 한다. 리그닌이 많은 식물은 100미터까지 키가 자라기도 하지만 리그린이 부족한 식물은 쉽게 쓰러져 누울 수는 있어도 나무를 꿈꾸지는 못한다. 나무로 만든 의자에 앉아 종일 일이든 놀이든 하다 보면 앉아 쉬지도 못하고 서서 평생을 살아야 하는 나무에게 미안한 마음이 들 때도 있다.

직립보행을 선택한 인간은 이동을 통해 생존을 이어가기 위한 진화를 거듭해 왔다. 지금은 기계가 인간을 대신해 이동을 담당해줄 뿐 인간은 스스로 움직이는 행위를 하지 않으려 한다. 이제 이동을 하는 것보다 고정된 자리에 파묻혀 무엇인가를 도모하는 인간이 그렇지 않은 인간보다 많다. 그것이 자신의 필요에 의해서건 강요에 의해서건 말이다.

도시에서 산다는 것은 앉아 있는다는 의미이기도 하다. 대부분을 학교와 사무실에서 앉아 공부하거나 일해야 한다. 운동선수나 육체노동자가 아니라면 대부분 그렇다. 장시간 의자에 앉아서 보내야 하는 사람이라면 자연히 편안한, 혹은 인체 공학적이어서 불편하지 않은 의자를 채택할 수밖에 없다. 그러나 그 편안함은 사람을 자리에 오래 붙들어두기 위한 전략적인 편안함이지 진정으로 몸이 원하는 편안함은 아닐 것이다. 오히려 의자에 오래 앉아 있는 것은 육체를 위한 것이 아니라 망가뜨리는 것일 수도 있다. 척추 모양의 변화와 척추에 관련된 근육의 불균형은 대부분 오래 앉아 있어서 생긴다.[6]

그런 면에서 보자면 의자는 편안해야 하는 것이 아니라 불편해야 하는 것일 수도 있다. 그 불편함이 조금이라도 의자에서 몸을 일으켜, 몸이 고정된 자세로 유지되는 것을 막아줄 테니 말이다. 디지털기기에 오염되어 가는 신체 못지 않게 의자에 갇혀 지내는 것도 위험한 일일 수 있다.

집에 두 사람이 함께 앉아도 되는 넉넉한 벤치가 있으면 좋겠다는 이야기가 나왔다. 등받이가 없는 스툴 형태의 벤치면 어떨까 의견을 말했다. 앉아서 바깥 세상도 내다보고, 책도 읽다가 눕기도 하기 좋겠다 싶었다. 등받이가 없어 불편하면 오래 머물지 않을 수도 있으니 말이다. 물론 편안하고 우아한 의자를 만들 기술 부족도 한몫했다.

늘 그래왔던 것처럼 지금은 익숙한 것들이 사실 그렇게 오래된 것이 아니라는 사실을 접할 때는 많다. 개인용 의자나 포크가 대중화된 것도 17세기 이후다. 그 전까지 대부분의 유럽인들은 등받이가 없는 긴 스툴stool에 여러 명이 앉아 밥을 먹었

6 바이바 크래건리드Vybarr Cregan-Reid는 『의자의 배신』에서 현대인의 생활이 의자에 갇힌 삶이며 의자를 수많은 질병의 원인으로 지목한다. 오래 앉아 있으면 대사 폐기물이 근육에서 빠져나오지 못하고 고관절 굴근이라는 근육을 손상시킨다.

다고 한다. 우리 조상들에게도 등받이 없는 간이의자는 생활용품이었을 것이다. 등받이가 있는 의자에 비해 간편하지만 기댈 수 없어 불편을 감수해야 한다. 그래도 간이의자 겸 소파로 이용하거나 소형 탁자로도 쓰일 수 있다. 콘솔, 협탁, 화분대와 같은 인테리어 소품으로도 활용이 가능하다. 늘어놓고 보니 참 쓰임새가 많다.

벤치형 스툴 만들기는 거의 재활용되는 목재로 만들게 되었다. 두 사람 이상이 앉는 스툴인 만큼 하중을 견딜 수 있게 어느 탁자의 다리로 이용되었던 두터운 나무 두 개를 네 개로 잘라 다리로 이용했다. 소나무 판재는 상판과 다리를 연결하는 프레임으로 사용한다. 그리고 상판은 그 너비의 판재가 따로 없어 인테리어 공사하던 곳에서 구해두었던 나무패널을 사용하기로 했다. 일명 '루바'라고도 불리는 T&G 목재패널tongue & groove wood paneling은 들어가고 나온 부분을 끼워 맞추는 식으로 조립해 주로 내장재로 많이 사용하는 부재다.

우선 목재패널을 연결해보고 전체적인 가로 세로 길이를 잡는다. 목재패널은 프레임의 일부에 홈을 파내고 그 위에 걸치도록 하는 형태가 된다. 연결한 목재패널의 전체 크기와 두께를 감안해 프레임으로 쓸 부재의 길이와 두께를 정하고 재단한다. 재단이 끝나면 트리머를 이용해 프레임으로 쓸 부재에

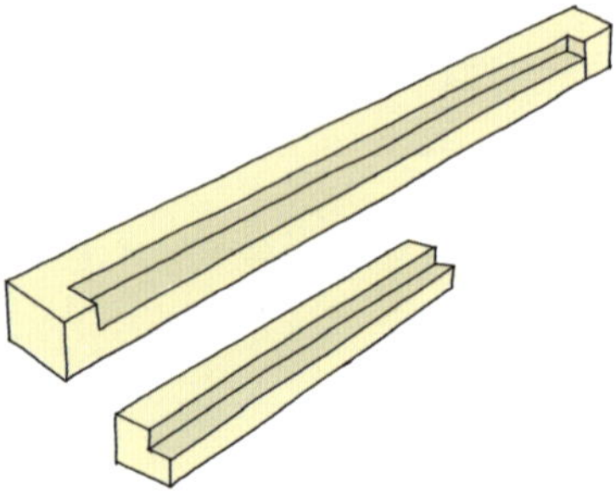

프레임 부분은 트리머나 테이블쏘를 이용해 나무패널이 얹혀질 부분을 감안해 홈을 낸다.

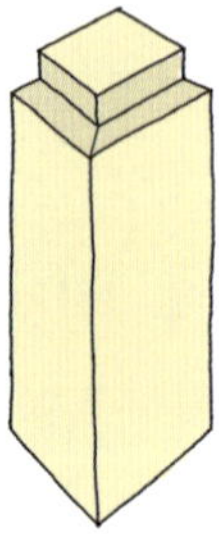

다리로 사용할 각재는 모서리 부분에 프레임이 들어갈 자리만큼 잘라낸다.

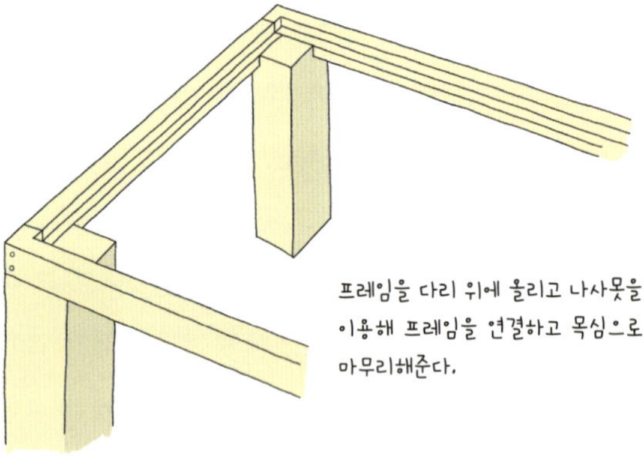

프레임을 다리 위에 올리고 나사못을 이용해 프레임을 연결하고 목심으로 마무리해준다.

홈을 낸다. 거치대를 만들 때 사용했던 것처럼 깊이를 조절하고 가이드를 이용해 가장자리에서 일정한 거리만큼만 들어가도록 홈을 파내야 한다. 미리 시험용 목재를 이용해 거리와 깊이를 정확하게 세팅한 후에 부재를 다듬도록 해야 한다.

길이가 긴 쪽의 프레임은 끝부분을 남기고, 짧은 쪽의 프레임은 관통하도록 홈을 파낸다. 연결하면 사각형의 판재가 들어갈 공간을 마련하는 것이다. 모서리 부분은 트리머 작업을 마친 후 끌 등을 이용해 깔끔하게 정리한다. 작업이 끝나면 네 부분을 모두 맞대어 보고 목재패널을 연결해 얹어 본다. 가장자리 패널의 혀처럼 튀어나온 부분은 톱으로 잘라낸다. 정확하게 맞물리도록 부재를 다듬는다.

완료되면 다리로 쓸 소나무 부재를 동일한 규격으로 재단한다. 프레임과 연결되는 부분을 위해 다리 상단 부분 가장자리를 중심으로 'ㄱ' 'ㄴ' 모양으로 홈을 낸다. 테이블쏘나 밴드쏘 등을 이용해 해당 부위를 잘라 낸다. 이때 절단하는 깊이는 가로대의 전체 두께에서 목재패널의 두께를 뺀 수치가 된다. 연필로 잘 표시하고 재단한다.

재료 다듬기가 끝나면 조립에 들어간다. 다리와 프레임을 우선 나사못으로 연결한다. 프레임과 프레임은 긴 쪽에서 짧은 쪽으로 나사못을 박아 연결한다. 동시에 나무패널을 프레임 안쪽에 얹고 프레임을 계속해서 연결한다. 나사못으로 연결할 때

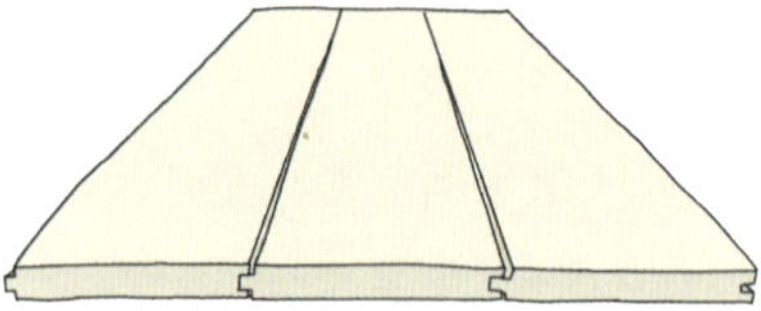

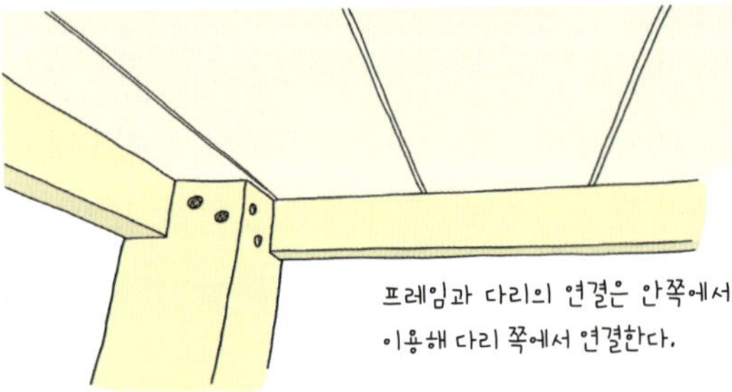

프레임과 다리의 연결은 안쪽에서 나사못을
이용해 다리 쪽에서 연결한다.

나무패널과 프레임을 고정하기 위해 각재를
덧대고 타카 등을 이용해 연결해 준다.

는 클램프를 이용해 바짝 조이면서 연결한다. 프레임의 나사못 자리는 목심을 박아 외관을 정리한다. 목재패널을 단단하게 고정시키기 위해 패널 아래쪽에 각재를 덧대고 타카핀을 패널과 프레임 양쪽에 모두 박아 고정시키는 것으로 마무리한다.

벤치는 만든 지 일 년이 넘어가면서 틈새가 조금 벌어지기도 하고 수축에 따라 다리가 아주 조금 변형되는 현상을 겪고 있기도 하다. 그래도 집에서 가장 다양한 용도로 쓰인다. 한동안은 식탁 의자 대용으로 쓰이다가 여름에는 베란다용 벤치가 되었다. 책을 읽다가 잠든 막내딸의 모습도 자주 보았다. 겨울에는 냉해를 피해 기피나무들을 거실에 들여놓아야 할 때 화분 받침대로 쓰였다. 그 쓰임 중간중간에는 책도, 상자도, 리모컨도 올려두는 역할을 했다. 팔방미인의 역할을 지금도 충실히 하고 있다. 시간이 날 때 사포질을 하고 칠이라도 한 번 다시해 줄 생각이다. 때로는 불편함이 생각보다 많은 것을 얻게 해준다.

우리 것인데 왜 친숙하지 않을까

느티나무와 참죽나무

스마트폰 거치대를 만들면서 참죽나무와 느티나무를 사용했다. 사장님이 열심히 구해다 놓은 나무라 자주 이용하기 때문에, 그리고 옛 전통가구를 만드는 소목小木들이 자주 드나드는 까닭에 두 나무는 익숙한 편이다.

느티나무*Zelkova serrata*는 나무작업을 하기 전부터 익숙했던 이름이다. 음식점들을 보면 느티나무집, 감나무집, 배나무골 나무 이름을 쓸 정도니 말이다. 그만큼 느티나무는 우리 일상에서 친숙한 나무다. 서양 판타지에 참나무나 물푸레나무가 신화적인 존재로 많이 표현되는 것처럼 예전에는 성황당을 지키는 당산목(마을의 수호신으로 모셔 제사를 지내 주는 나무)의 역할로, 여름에는 더위를 피하는 그늘을 제공하는 정자나무로 사람들에게 기억된다. 딸과 함께 자주 시간을 보내곤 했던 집 앞 도서관의 이름도 느티나무도서관이었다. 소나무만큼 흔히 불리는 나무인데 정작 "이 나무가 느티나무야"라고 말해준 적은 없는 것 같다.

느릅나무과의 낙엽활엽교목(가을에 넓은 잎이 떨어지는 키 큰 나무)인 느티나무는 규목槻木, 혹은 괴목槐木이라는 이름으로도 불린다. 공방 가는 길에 있는 회화나무집이라는 음식점에

오백 년 정도 된 회화나무 한 그루가 서 있다. 한문으로 회화나무를 괴목으로 불러 느티나무와 회화나무를 같은 나무로 부르는 경우도 있지만 다른 나무로 분류된다. 연륜(나이테)이 매우 뚜렷하고, 심재와 변재의 구분이 뚜렷한 편이다. 변두리에 있는 공방에는 통나무를 제재해 쌓아두고 자연건조하는 나무들이 꽤 된다. 휘고 틀어지는 나무들이 있어 속상하긴 하지만 그것도 모두 감당해야 할 작업자의 몫이다. 그런 손해(?)를 겪지 않으려면 그때그때 사다 쓰면 되겠지만, 어떤 나무는 구하고 말려서 만드는 일까지 감당하는 것이 나무를 만지는 사람에게 필요한 일이라는 생각도 든다. 공방 마당에는 오 년 십 년씩 건조되며 자기 차례를 기다리는 느티나무들이 있다.

무늬와 색상이 은근하면서도 묵직한 멋을 풍겨 공방 사장님은 무늿결을 살려야 하는 가구에는 느티나무를 자주 사용하는 편이다. 판매하는 거실용 탁자의 상판이나 돋보이는 소품에는 주로 느티나무를 사용한다. 오래 전부터 가구에 번잡한 장식을 가하지 않고, 나무 본연의 자연스러운 나뭇결로 장식하는 방법에 느티나무 판재가 사용되었다. 덕분에 나에게도 사용할 수 있는 기회가 돌아오는 것이기도 하다.

느티나무가 친숙하면서도 주목받는 편이라면 참죽나무는 사람들과 오래 함께 했지만 그리 드러나지 않은 나무다. 공방에 다니기 전까지는 몰랐지만, 느티나무만큼이나 우리 삶과 밀착된 나무라는 것을 알게 되었다. 느티나무가 정자나무의 역할을 했다면 참죽나무는 집을 둘러싸는 울타리처럼 사용되는 흔한 나무였다고 한다. 참죽나무를 이용하여 농기구, 가구, 그릇, 도마 등 다양한 용기를 만들어 썼다. 잘 구하기 힘들다는데 공방에서도 느티나무 다음으로 자주 접했던 나무다. 대패질을 해놓고 보면 붉은 빛이 은은하게 퍼지고 무늿결도 아름답다.

멀구슬나무과에 속하는 참죽나무는 오래 사는 것과 연관되어 있다. 한자 '椿'을 참죽나무라고 하는데 고전 속 유래처럼 춘(椿)을 장수의 비유로 쓴다. 물론 참죽나무 자체가 그렇게 오래 사는 나무는 아니라는데, 상상 속에서 이미지화된 경우가 아닐까 싶다.[7] 참죽나무는 단단하지만 휘거나 뒤틀리는 성질도 약해 기둥재로 많이 사용되었다고 한다. 심재는 짙은 붉은색이 우세한 갈색인데 나뭇결이 토속적이라는 게 내 느낌이다.

서양에서 주로 자라는 나무들보다 더 자주 이용되고 늘 곁에 있었지만 친숙하게 느끼지 못하는 것은 생활환경 변화의 문제이기도 하다. 정자에서 쉰 기억이나 농기구나 찬장을 경험하지 못한 세대에게 이 나무들의 아름다움은 반감되는 것 같다. 오히려 오크나 월넛처럼 도시 생활에서 더 익숙해진 무늬와 색에게서 더 친숙함을 느끼게 되고 세련되었다는 느낌을 받는다. 식구와 가족의 의미도 그런 것이 아닐까. 부대끼고 다투기도 하지만 소통하며 함께 지내야 상대방을 인식하는 것처럼 말이다. 생활에서 공유된 기쁨과 슬픔이 아름다움이다. 전통이나 문화는 기호로만 남아서는 제대로 전승되지 않는다. 박제화된 모든 것들은 누구의 것도 아니며 이어지지 않는다. 생활과 함께 하지 않는 것들은 도태될 뿐이다. 우리가 갖는 생각, 예술도 그렇다.

7 "上古有大椿者 以八千歲爲春 八千歲爲秋(상고시대에 대춘이라는 나무가 있는데, 8000년을 봄으로 삼고, 8000년을 가을로 삼는다)"는 장자(莊子) 소요유(逍遙遊) 편에 인용된 문구를 두고는 설왕설래가 많다. 춘추를 한 해의 개념으로 그냥 8,000년이라는 견해, 한 계절이 8,000년이니 네 계절을 더하면 더 많다는 견해, 인용된 춘이 참죽나무가 아니라 가죽나무라는 주장도 있다.

4장

함께 있을 자리를 나누다

결별의 순간을 대하는 자세,
톱이 해야 하는 일

날씨보다 먼저 절기가 여름의 시작을 알린다. 현실의 오차 정도는 아랑곳 하지 않고 때로는 선언이 모든 걸 장악하기도 한다. 이전 시간과의 단절을 이제 받아들이라는 신호는 이렇게 느닷없다. 말과 생각으로는 쉽지만 몸에게는 어려운 요구다.

목공작업을 하다보면 수공구를 다룰 일이 많이 생긴다. 막손인 나는 톱질 잘 하는 사람을 보면 자주 부럽다. 힘의 균형을 맞춰 면을 매끄럽게 켜고 자르는 일은 생각보다 쉽지 않다. 힘이 분산되거나 방향이 조금만 잘못 들어가면 선은 길을 잃고 만다. 필요하지만 어려운 도구다.

모든 도구에는 적당한 쓰임새가 있다. 대체로 무른 재료에는 칼을, 단단한 재료에는 톱을 써야 한다. 무른 재료에 톱을 쓰면 재료는 깨끗하게 잘려나가지 않고 뭉개지고 부서진다. 단단한 재료에 칼을 넣으면 한 번에 자르기도, 다음 동작을 하기도 힘들게 된다. 비집고 들어간 틈에 끼어 꼼짝할 수 없게 되기도 한다. 칼은 하나의 날이, 톱은 여러 개의 날이 모여 전체를 이룬다. 단번에 자르지 못한다면 칼은 의미를 잃고 만다. 대신 톱은 단번에 끝내지는 못하지만 시간을 자신의 편으로 만들어 목적을 이룬다.

칼이 잘라놓은 재료는 그것 자체로 목적이 된다. 야채를 썰고 종이를 자르면 잘린 그 형태로 목적에 맞게 쓰면 된다. 톱이 잘라놓은 재료는 그것 자체로 목적이 되기도 하지만 다른 목적의 수단, 혹은 전제가 되기도 한다. 켜고 자른 나무는 잇고 끼워 새로운 모양의 물건을 탄생시킨다. 톱은 대부분 최종 목적을 위한 과정을 위해 쓰인다.

용도에 따른 쓰임의 차이는 톱 안에서도 이루어진다. 영어로 톱saw은 절단하다cut는 의미에 기원을 두고 있다. 목재를 절단하는 방식은 두 가지로 나뉘고, 사용되는 도구도 두 형태로 구별된다. 나무가 플라스틱이나 쇠처럼 동일한 짜임으로 이루어지지 않고 복잡한 형태로 이루어진 까닭이다. 그래서 켜야 할 때는 켜는rip-cut 톱으로, 잘라야 할 때는 자르는cross-cut 톱을 사용한다. 립rip이 찢는다는 뜻을 내포하듯 켜는 톱은 목재의 섬유질 방향(서 있는 나무의 세로방향)대로 뜯어내듯 절단한다. 반대로 자르는 톱은 섬유질의 직각방향(서 있는 나무의 가로방향)으로 나무를 절단한다. 날의 각도와 모양이 차이가 나는 이유가 여기에서 생긴다. 켜는 동작과 자르는 동작을 함께 할 수 있는 양날톱, 톱날이 휘어져 똑바로 자르는 것이 어려운 것을 방지하기 위해 톱날의 한 쪽 부분에 철을 댄 등대기톱, 목재의 작고 튀어나온 부분을 제거할 때 사용하는 플러그쏘 등 종류도 여러 가지다.

톱이 칼과 달리 여러 개의 날을 가진 이유 중 하나는 절단하는 재료에 끼지 않고 용이하게 움직도록 하기 위함이다. 그리고 각각의 날은 오른쪽 왼쪽으로 엇갈리며 기울어져 있는데 이를 날어김이라 부른다. 칼이 지나간 자국이 날의 두께만큼 그 폭을 가지는 것에 비해, 톱은 톱날의 두께보다 지나간 폭이 더 넓게 남는다. 날의 두께보다 날어김의 폭이 더 넓기 때문이다.(목재에 작고 튀어나온 부분을 잘라내는 용도로 쓰이는 플러그톱은 재료에 상처를 주지 않고 톱밥 배출도 크게 필요 없어 날어김이 없다) 날어김이 크면 톱길을 수정하거나 톱밥 배출은 용이하지만 정밀한 직선작업은 어렵다. 대신 날어김이 작으면 톱길의 폭이 작아 정밀가공이 가능하지만 톱날이 부재에 끼는 경우가 생길 수 있다. 목공 도구로서 칼이 잘라서 모양을 갖추는 것에 멈춰 선다면, 톱은 자르고 덜어내 그 다음의 행보를 위한 준비로 나아간다. 톱의 손길을 빌려야 하는 경우는 대부분 최종 목표로 하는 물건의 각 부분을 안전하고 아름답게 만나도록 하기 위한 것이다. 그래서 정확하고 매끄러운 절단은 이후 서로 이어지게 될 상호관계에 아무런 문제를 일으키지 않는 전제조건이 된다.

작고 섬세한 작업을 해줄 수공구가 필요한 때도 있지만 힘과 시간을 절약해주는 전동 공구가 필요한 곳도 있다. 숟가락과 같은 것을 깎는 방식인 카빙을 제외한다면 어쩌면 대부분의 목공작업에 전동 공구가 쓰이고 있다고 하는 말이 맞을 것이다.

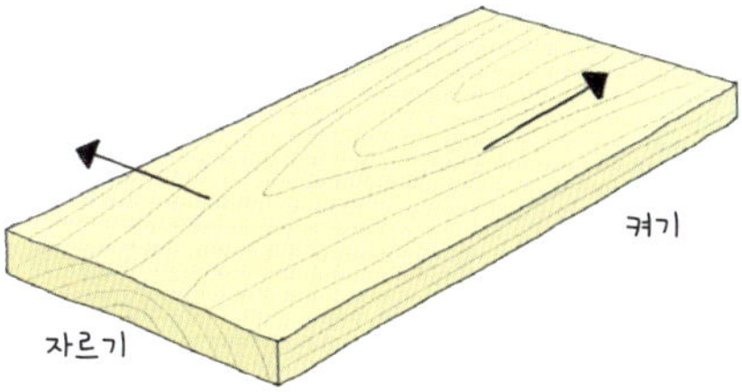

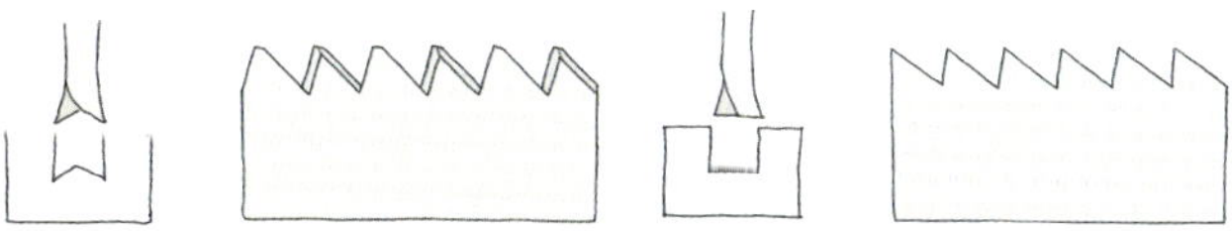

자르는 톱

켜는 톱

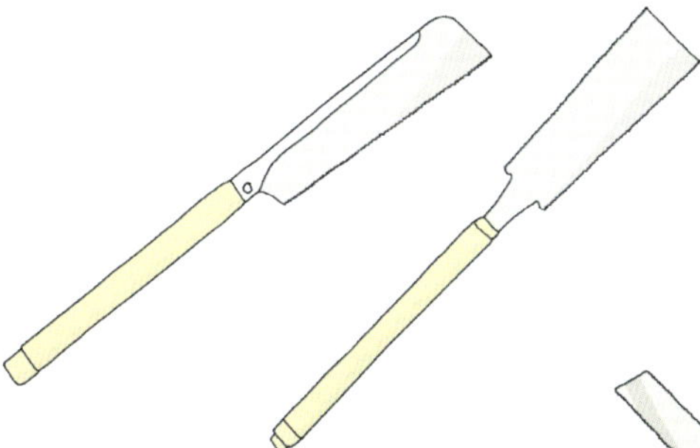

등대기톱과 양날톱

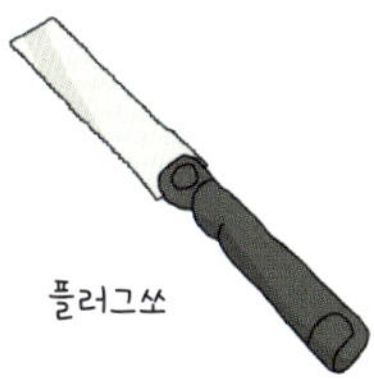

플러그쏘

하루아침에 톱질이 잘 되는 것은 아니니 필요할 때는 기계톱의 힘을 빌려야 한다. 미세한 손의 감각을 기계가 상당 부분 보완해주는 시절이다. 장인匠人의 마음은 이어나가되 장인의 방식까지 고집할 필요는 없다. 재연再演이 아니라 재현再現이 필요하고, 새로움을 찾는 일이 중요하다. 그 아름다움에 대한 찬사는 찬사대로 주고, 우리는 우리의 일을 하면 된다.

그래서 재료를 준비할 때는 보통 기계톱을 사용한다. 수월하지만 다칠 염려도 있고 정교한 맛은 아무래도 떨어진다. 톱날의 두께도 고려해야 하고 톱날 자국이 남기도 한다. 그렇지만 기계톱은 일의 진척과 일관성을 유지해준다. 사람의 능력을 기계가 보완해 준다. 작고 세밀한 작업에서는 전동 톱의 힘을 과신해서는 안 된다. 그만큼 더 위험에 노출된다. 톱은 사람이 시키는 대로 일을 할 뿐이다. 톱의 특성을 제대로 알지 못하면 부재를 버리고 몸도 다치게 된다.

테이블쏘는 기본적인 전동 톱이다. 고정된 작업대에 물려있는 원형톱을 고속으로 회전시켜 켜기 작업과 일부 자르는 작업, 경사가 있는 작업이나 홈파기 작업 등도 할 수 있다. 가장 쓰임새가 많은 도구이지만 그런 만큼 위험도 크다. 전기를 이용해 사용하는 도구는 모두 위험을 내포하고 있다. 부재를 빼낼 때는 별도의 도구를 이용해 빼내야 손가락을 다칠 위험이 없다. 목재가 립펜스rip fence와 톱날판에 끼여 톱날의 회전력에 의해 빠른

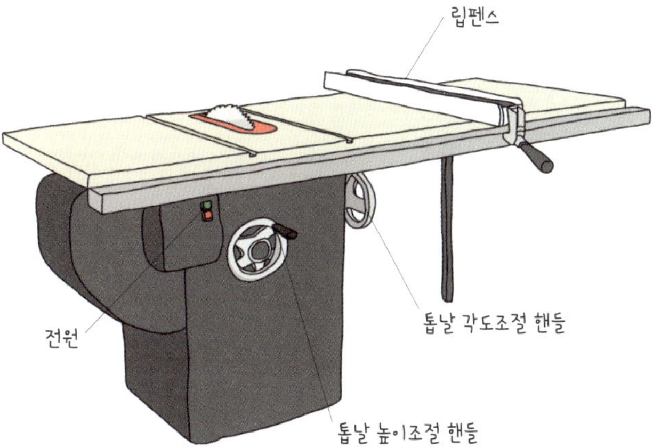

속도로 날아가는 현상인 킥백kickback의 위험성도 있다. 이때 날아오는 속도가 엄청나다. 테이블쏘를 이용한 지 얼마 되지 않았을 때 작은 부재가 킥백현상으로 복부를 향해 날아온 적이 있다. 가볍고 작은 것이었지만 옷 속 피부가 멍이 들 정도로 위험했다. 손에 맞았으면 뼈에 손상이 올 수도 있었을 것이다.

밴드쏘는 직선과 곡면의 변화가 심하지 않은 부재를 자르는 데 이용된다. 커다란 원형의 띠톱이 두 개의 고정장치를 따라 회전하는 방식으로 작동되어 전동 띠톱으로도 불린다. 톱날이 상하직선운동을 하며 목재를 절단하는 지그쏘zig-saw도 있다. 밴드쏘에 비해 재료의 두께가 크지 않은 경우에 쓰이고 정밀도가 떨어지지만 어느 정도 자유로운 곡선 작업이 가능하고 외경이 아닌 내경 부분을 가공하는 것이 장점인 전동 톱이다. 수공구들이 숙련된 기술을 필요로 한다면 전동 공구들은 늘 동일한 상태의 정확한 세팅을 필요로 한다. 각도나 물림상태에 대해 늘 점검하지 않으면 기계는 소리 없이 주인을 배신한다. 물론 그 배신의 책임은 전적으로 미리 살피지 못한 사람의 몫이다.

우리는 살면서 여러 가지 이름으로 헤어지고 만난다. 삶은 끝없는 단절의 한없는 연장이다. 단번에 끊어지는 순간도 있지만 서서히 한참을 덜어내야 하는 시간도 있다. 어떻게 그렇게 매몰차게 자를 수 있느냐고 원망하기도 하지만, 어떤 삶은 매끄럽게 자르지 않아 오래도록 고통을 받기도 한다. 과거와 얼마나 아름답게 결별하는가에 따라 내일의 발걸음이 달라지기도 한다. 어쩌면 삶은 칼보다 톱을 요구하는 경우가 더 많은지도 모르겠다. 단숨에 잘라낼 수 없어서, 힘겹지만 참아내야 하는 순간들이 더 많기 때문이다. 학교를 졸업하고 취업을 하고 다양한 사람들을 만나고 겪게 될 딸에게도 언젠가 그런 결별의 순간이 올 것이다.

톱질 소리만 조용한 공방에 흐르는 오후. 땀이 흥건한 목덜미를 느끼며 여름이 오는 것을 확인한다. 계절이 바뀌는 순간, 멈춰 서지 않고 이어갈 날을 준비하는 톱의 마음으로 출발한다.

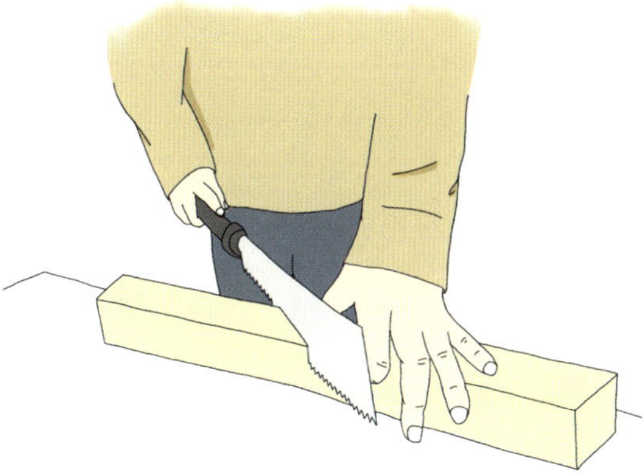

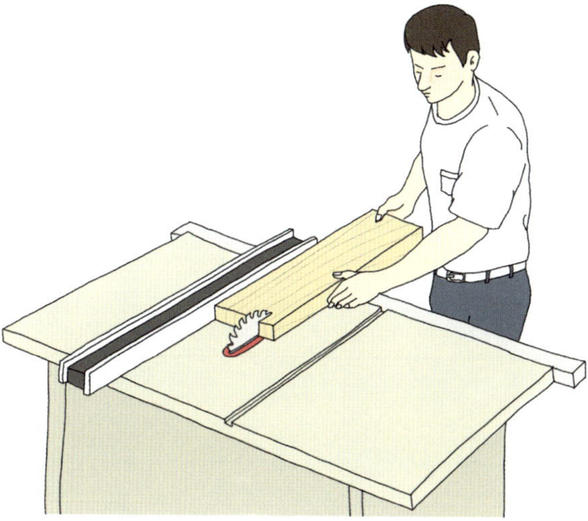

두 면에서 세 면으로…

장부짜임을 적용하다

정리를 한다고는 하지만 물건을 모두 상자에만 담아놓고 살 수는 없다. 자주 써야 하는 물건들이 보관과 동시에 장식의 기능까지 해준다면 좋지 않을까. 서로 다른 성격의 물건을 함께 두기에는 선반이 제격이다. 이미 들어선 다른 가구나 물건들의 크기와 위치를 감안한 작은 선반이면 더욱 유용하다. 방 크기가 그리 크지 않아 대략 700㎜×500㎜×300㎜ 정도의 아담한 크기가 어울렸다. 작은 선반이라 튼튼하게 만들기 위해 두께가 큰 각재를 사용하기도 힘들다. 큰 충격이 가해질 경우가 특별히 없다는 가정하에 그렇게 수납용 선반을 제작하기로 했다. 마침 공방에도 평상을 제작하고 남은 미송 각재가 있었다. 상판은 레드파인 집성목을 쓰기로 했다.

선반이 공간박스와 다른 점은 다리가 있다는 점이다. 넓은 면으로 서로 만나지 않기 때문에 다리와 다리를 튼튼하게 연결해야 하고 연결된 부위에 판재를 덮어 물건을 수납할 자리도 만들어야 한다. 다리를 중심으로 각기 다른 면이 동시에 만나는 (세 방향이 교차하는) 결합을 완성해야 한다. 재료를 별도로 재단해 쓸 수 있다면, 물론 더 넓은 폭을 가진 튼튼한 다리를 만들 수 있고 가로대[1]를 연결하는 데도 다양한 방법을 적용할 수 있

1 가구를 구성하는 부재의 하나로 수직인 지지재(기둥)를 연결하는 부재. 상판 밑에 붙어 있는 사각 프레임이나 테이블 다리를 연결하는 부재를 말한다. 에이프런apron이라고도 부른다. 가로대의 연결방식에 따라 작업의 난이도나 결합강도가 달라진다.

다. 하지만 주어진 여건 속에서 해결하기로 했다. 사람이 선반에 앉는다거나 하면 부러질 수도 있겠지만, 가벼운 무게만 올려둘 예정이기에 그대로 쓰기로 했다. 다리와 가로대를 연결하는 부분은 장부짜임mortise & tenon이라는 방식을 이용하기로 결정했다. 장부짜임을 통해 다리와 가로대를 연결한 다음 차례로 상판을 연결하는 순서이다.

짜맞춤은 가구 등을 만들 때 두 개 이상의 부재가 서로 교차 결합하는 경우 못 등의 결합 재료를 사용하지 않고 순전히 목재 본연의 재료만을 이용해 연결하는 방식을 말한다. 견고함과 미적 완성도를 동시에 가지고 있기 때문에 어떤 사람은 짜맞춤이 아닌 가구는 가구가 아니라는 말도 한다. 그건 마르세유 턴(프랑스 축구선수 지네딘 지단이 사용한 방향전환 기술)이 아니면 드리블이 아니고, 무회전 킥이 아니면 슛이 아니라는 말처럼 조금 과장되거나 편견이 있는 의견같다. 높은 예술 점수를 인정해 주는 것과 가구라는 본연의 임무에 충실한 것과는 엄연히 차이가 있다. 노는 물이 다르다고 남의 물을 폄하할 필요까지는 없다. 그럼에도 불구하고 짜맞추는 방법을 통하여 가구를 만드는 것은 아마추어이건 프로이건, 목수를 꿈꾸는 사람들에게는 항상 로망이다. 분명한 것은 인내와 노력이 뒤따라야 한다는 것이고, 거기에는 비용과 시간 또한 필요하다는 점이다.

짜맞춤의 방법은 가구에 대한 이해나 주변 여건이 허락될수록 이용빈도가 많아질 것이다. 공방에는 한옥을 만드는 장인부터 전통 목가구를 만드는 장인 등 고수들이 심심찮게 다녀간다. 그분들이 가지고 다니는 공구함에는 손수 제작한 끌과 대패, 망치가 들어있다. 작지만 그 공구 자체만으로도 갖고 싶다는 마음이 생길 만큼 아름답다. 기본적인 나무 재단 작업을 제외하고는 대부분 그 공구들로 공방에서 하루 종일 작업하다 가고는 한다. 그분들로부터 칼을 다룰 줄 모르면 제대로 마무리를 하지 못한다는 말을 자주 들었다. 목가구 장인이 될 생각은 없으니 굳이 수공구에 열 올릴 이유는 없지만 그래도 어느 정도 지식은 쌓아가며 배워야겠다는 생각은 한다. 아무리 좋은 기계가 나와도 사람의 손이 갖는 감각만 한 것이 없을 때가 있다. 아마도 나무는 그 성질상 기계가 모든 것을 대체할 수 없는 가장 민감한 분야가 아닐까 싶다.

건조되면서 변형이 일어나 결합이 약해지거나 부재와 만나는 지점이 불완전하게 연결될 가능성이 있지만 장부이음은 유용한 방법이다. 장부짜임 방식의 장점은 당연히 연결부위가 드러나지 않게 결합을 할 수 있다는 것에 있다. 주로 각재를 접합하기 위해 부재 끝에 만든 사각의 돌기를 장부촉tenon, 그리고 밀어 넣는 구멍을 장붓구멍mortise이라 한다. 다른 짜임에 비해 상대적으로 간단하면서도 결합의 강도가 높아, 가구를 만들 때 기본적으로 사용하는 방법이다. 물론 물리적 힘에 의해 파손될 수도 있고 수축과 팽창 때문에 시간이 지나며 삐걱거릴 수 있다는 한계를 가지고 있다.

우선 결합을 통해 만날 위치를 각재의 두께와 폭을 감안해 연필 등으로 표시한다. 다리로 쓸 부재의 상단과 중간 부위에 장붓구멍을 표시하고 앞뒤로 연결할 각재의 끝부분에도 구멍의 크기만큼 표시를 한다. 장붓구멍을 파는 작업방법은 다양하다. 라우터router나 각끌기hollow-chisel mortiser를 사용해도 되고, 트리머와 수공구 끌을 이용해 파내도 된다. 이번 작업에는 트리머를 이용해 동일한 깊이로 적당히 안쪽 부분을 파내고 나머지 사각형의 정교한 부분은 수공구 끌로 세심하게 파냈다.

장부 촉은 손톱을 이용하거나 테이블쏘에서도 숙련도에 따라 정밀한 자르기 작업이 가능하다. 썰매 지그를 잘 활용하면 반복적인 작업이 가능하다. 지그zig는 테이블쏘 홈에 끼워 썰매처럼 왔다갔다 할 수 있게 만든 부재가공용 보조도구를 말한다. 보통 직접 만들어 사용한다. 밴드쏘bandsaw를 이용해 잘라낼 수도 있다. 조정 가능한 펜스를 사용하면 어렵지 않게 작업이 가능하지만 항상 사고의 위험을 염두에 두어야 한다. 장부와 장붓구멍의 밀착 정도는 연결할 때는 힘으로 빡빡하게 밀어 넣을 수 있는 정도로 하고, 뺄 때는 나무망치로 살짝 두드리며 빼면 빠지는 정도가 좋다. 내부에서 접착제가 유동할 틈 정도의 여유가 필요한데 그렇다고 육안으로 확연하게 드러날 정도는 곤란하

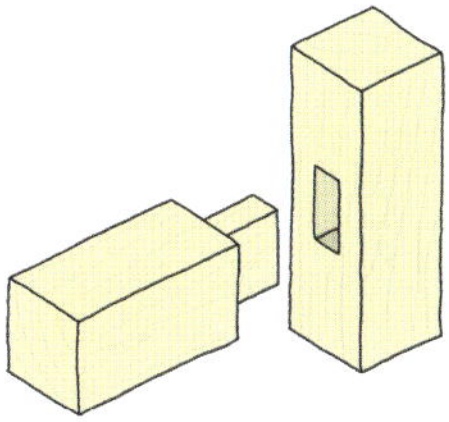

장부촉과 장붓구멍

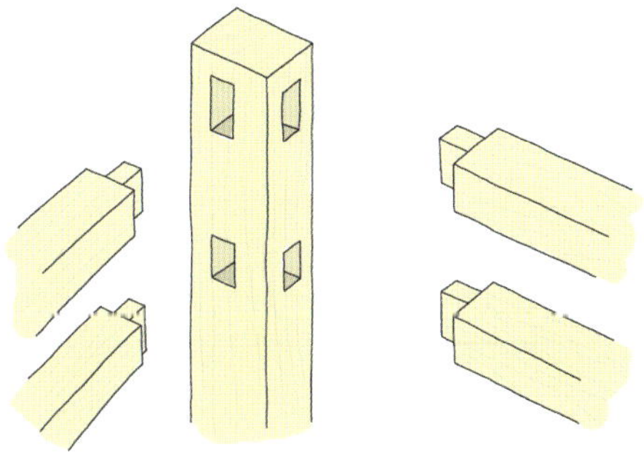

장부짜임으로 선반을 지지하는 다리와 가로대를 연결해 프레임을 짠다.

장부촉은 밴드쏘나 테이블쏘를
이용해 재단한다.

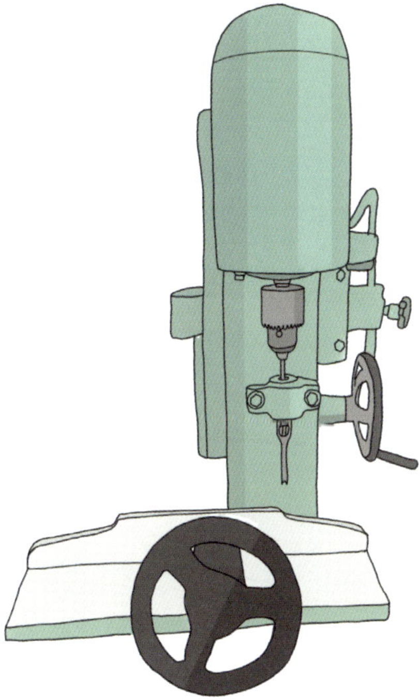

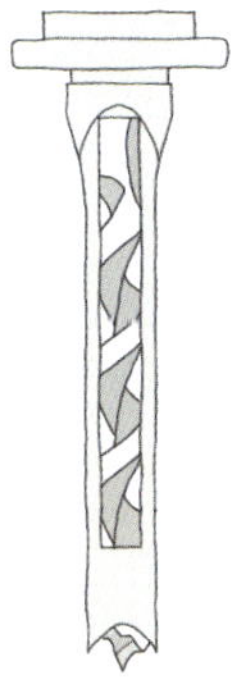

각끌기 비트

각끌기는 예리한 사각의 끌과 그 속에 또 하나의 원형 드릴 비트가 들어 있는 각끌기 비트를 이용해 사각형의 홈을 파는 공구다. 원형 드릴 비트가 목재를 파내려가고 사각끌이 함께 누르며 홈을 내는 방식이다.

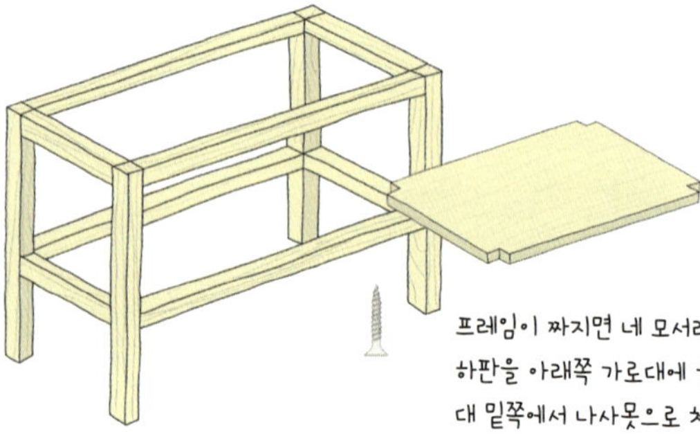

프레임이 짜지면 네 모서리를 잘라낸 하판을 아래쪽 가로대에 올리고 가로대 밑쪽에서 나사못으로 체결한다.

이어서 상판을 위쪽 가로대에 올리고 역시 가로대 밑쪽에서 나사못으로 체결한다.

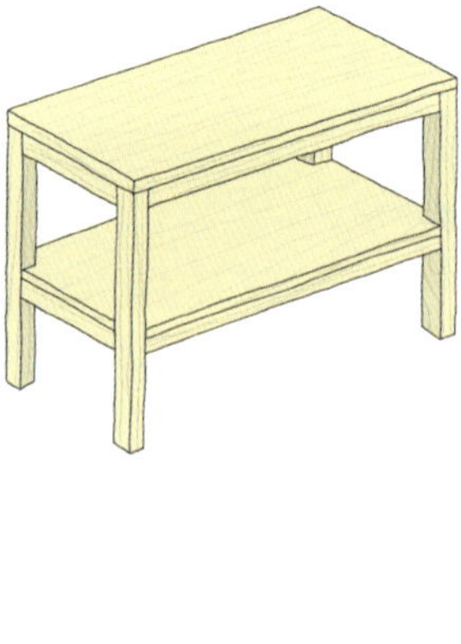

다. 장부촉을 너무 많이 절단해 헐렁해지면 안 되기 때문에 빡빡한 상태에서 조금씩 조절해 가는 것이 필요하다. 장부의 길이가 길수록 견고하다고 하지만 디자인, 가공하는 공구의 크기, 부재의 두께 등 내게 맞는 상황을 고려해서 결정해야 한다. 오랜 기간 작업을 하면서 나무의 특성에 따라 쪼개지는 경우도 경험할 수 있기 때문에 역시 시행착오를 겪으면서 스스로 느껴야 되는 부분인 것 같다.

상판과 하판은 재단한 후 가로대 위에 올리고 접착제를 발라 하부에서 나사못으로 연결시킨다. 물건을 올려둘 부분인 상하판과 가로대 사이에 단차(두 개 이상의 부재가 연결되었을 때 부재의 높낮이 차이)가 발생하면 나사못을 체결한 후에도 틈이 벌어져 외관이 깔끔하지 않기 때문에 결합 전 대패를 이용해 말끔하게 다듬어 주어야 한다. 상하판이 체결되면서 거의 마무리가 되었다. 부딪치면 다칠 수 있는 모서리 부분의 정리도 필요한데 전동 그라인더나 트리머는 시간을 줄여주기는 하지만 가급적 이용하고 싶지 않았다. 기계가 닿지 않는 부분이 있고 사각이 갖는 특성을 너무 눌러버리는 느낌이 든다는, 아주 개인적인 취향 때문이다. 다소 수고스럽기는 하지만 사포만으로 모서리를 다듬고 표면을 마감하는 것으로 마무리했다.

짜맞춤의 연결 방식을 단순화시키면 몇 가지로 모두 이해될 수 있지만, 그 방식 속에서도 수없이 많은 짜임의 방식이 존재한다. 공구가 발달하고 재료가 좋아지면 더 능률적인 방식이 개발될 것이다.

연결하는 방법 중에 많이 쓰이는 것이 도미노domino를 활용한 비스킷 결합이 있다. 장부결합은 아무래도 장부촉과 구멍을 가공해서 연결해야 하기 때문에 시간과 숙련도가 많이 요구된다. 정확하고 빠른 작업이 가능하다는 도미노 연결 방식은 연결하고자 하는 목재에 전용 비트로 홈을 가공하고 길이와 폭에 맞는 비스킷, 혹은 테논핀tenon pin을 접착제로 접합하는 방식이다. 많은 목공 작업을 능률적으로 할 수 있다.

웬만한 공방에는 대부분 도미노 정도는 갖추고 있고, 최근에는 이에 대한 트렌드가 꽤 많은 듯하다. 활용책 중에도 이것만 전문적으로 다룬 책이 있다. 안타깝게도 우리 공방에는 도미노가 없다. 나도 도미노를 이용한 방법은 쓸 수 없고 배우지 못했다. 나중에 기회가 된다면 한 번 써보고 싶기는 하다. 디지털 사진의 방식에서도 아날로그 방식의 색 구현이나 프레임이 여전히 기초를 깔고 있듯이 목공도 그 기조는 변하지 않을 것이다. 주어진 여건에 충실하다 보면 다른 방식에 대한 접근도 가능해질 것이다.

나무의 깊은 속을 누가 알까…

침엽수와 활엽수

동화 아기돼지 삼형제 이야기에 보면 벽돌로 지은 집은 튼튼하지만 나무로 지은 집은 늑대가 입김을 불자 곧바로 날아가 버린다. 동화는 목재를 굉장히 약한 재료로 묘사하지만 꼭 그렇지만은 않다. 목재는 철과 콘크리트 등에 비해 가벼운 재료다. 비중이 낮다고 보통 표현한다. 국내산 나무의 경우 전건비중[2]이 0.22로 가장 가벼운 참오동나무에서부터 전건비중이 0.87로 아주 무거운 박달나무 등에 이르기까지 수종 따라 다양하다. 하지만 목재는 그 비중에 비해서는 강도가 상당히 강한 편이다. 가늘고 긴 세포가 세로로 길게 배열되어 견고하게 결합된 형태이기 때문에 강도가 크다.

목재의 세포조직은 활엽수와 침엽수가 다르다. 침엽수의 구조가 단순하고 활엽수가 더 복잡하다. 목재를 이해하기 위해서는 침엽수와 활엽수의 차이를 아는 것이 도움이 된다. 침엽수와 활엽수가 갖는 특성의 차이는 그 태생에서부터 비롯된다고 보

2 목재의 비중은 목재의 밀도를 물의 밀도 비율로 나타내는데 수축이나 건조에 영향을 미치는 중요한 요소다. 수분이 없는 상태의 비중을 전건비중, 대기의 습도와 평형을 이룬 상태를 기건비중, 섬유포화점 이상 상태를 생재비중이라 한다. 정희석 외, 『새로 쓴 목재건조학』, 서울대학교출판부, 2008.

아야 한다. 세상에 먼저 나온 침엽수는 활엽수에 비해 진화가 덜 일어난 종이고, 그 번성함에서 활엽수에게 주인공의 역할을 내어주었다. 침엽수에 속하는 나무들의 종류가 적은 반면, 활엽수는 방대한 편이다. 목재로 이용되는 나무도 자연히 침엽수 계열보다는 활엽수 쪽이 종류는 많다.

종자식물은 나자식물裸子植物과 피자식물被子植物로 나뉘는데 식물의 분류체계에서 보면 침엽수는 나자식물 중 구과식물을, 활엽수는 피자식물 중 쌍떡잎식물을 가리킨다. 한자에 익숙한 세대라면 대충 짐작할 수도 있지만 두 딸에게는 안드로메다에서 온 이름으로 생각될 수도 있는 용어다. 나자식물은 겉씨식물, 피자식물은 속씨식물을 말한다. 겉씨식물gymnosperm이란 이름은 그리스어로 '나체의naked'라는 뜻을 지닌 'gymnos'와 '종자seed'라는 뜻을 지닌 'sperma'가 합쳐진 단어다. 대략 의미를 짐작할 수 있다.

겉씨식물은 속씨식물과 달리 학문적으로 꽃을 피우지 않는 식물로 정의된다. 겉씨식물은 속씨식물와 마찬가지로 암생식세포가 밑씨ovule 속에 있지만, 속씨식물처럼 씨방에 싸여 있지 않고 드러나 있다. 대신 이 밑씨를 보호하기 위해 흔히 말하는 '솔방울'이 둘러싸고 있다. 씨방은 꽃의 부분인데, 겉씨식물은 꽃이 피는 식물이 아니기 때문에 씨방이라는 것이 없는 것이다. 또 열매는 꽃의 씨방이 성숙하여 발달하는 것인데 꽃을 피우지 않기 때문에 열매를 만들지도 않는다. 씨(종자)는 생기지만 열매는 맺지 않는 것이다. 보통 이야기하는 솔방울은 열매가 아니라 잎이 변한 형태이다.

재미있는 것은 겉씨식물이 꽃을 피우지 않는다고 정의하면서도 한글용어는 꽃을 피우는 속씨식물의 관점에서 여러 기관을 설명하고 있다는 사실이다. 봄이면 송홧가루 때문에 알레르기가 생긴다고 말하는데 송화는 바로 소나무꽃을 이야기하는 말이다. 소나무는 꽃을 피우지 않는 식물인데 수꽃, 암꽃이라고 부른다. 논문이나 학교에서 쓰이는 교과서, 인터넷의 각종 정보에서도 아주 혼란스럽게 쓰이고 있다. 이 꽃에 해당하는 부분인 'cone' 또는 'strobilus'를 구과毬果, 구화毬花, 솔방울, 포자낭수胞子囊穗, 원추체圓錐體 등 다양한 용어로 혼용하고 있다.[3]

나무 이름의 혼란스러움에 대해 이야기하기도 했지만 언어가 실물 세계를 정확하게 반영하지는 못한다. 오히려 지어낸 이름이 그 특성을 오해하게 만들기도 한다. 오해나 오역이 그대로 굳어지면 상황은 더욱 혼란스러워진다. 아마 이름들만 잘 정리되어도 사람들이 나무에 더 관심을 갖게 되지 않을까 싶다.

3 인터넷에 난무하는 정보는 물론 전문서적에서도 겉씨식물을 꽃을 피우지 않는 식물이라 정의하면서, 정작 본문에서 수꽃, 암꽃이라고 표현해 놓은 사례를 많이 찾아볼 수 있다. 이에 대한 용어정리가 필요하지만 현실에서는 여전히 어려운 문제인 것 같다. 이규배, 「식물형태학에서 사용하는 종자식물의 생식구조에 관한 한글 용어의 분석」, 조선대학교, 2008.

아무튼 겉씨식물은 종자식물 중 가장 초기에 나타난 원시적인 식물이다. 중생대에 겉씨식물에서 갈라져 나온 속씨식물에 의해 점차 쇠퇴하여 오늘날에는 전 세계에 약 62속 670종 정도가 남아 있다. 침엽수를 뜻하는 단어인 'conifer'는 라틴어 'conos'에서 나온 'cone'이라는 의미와 'ferre'가 지닌 'to bear' 혹은 'to carry'라는 의미가 합쳐진 것으로 '원추형의 생식구조를 가지고 있는'이라는 뜻이다. 나자식물인 소철, 마황, 은행나무, 구과식물(송백류) 중 구과식물을 따로 구별하여 침엽수라 부른다. 침엽수에는 보통 개비자나무과Cephalotaxaceae, 낙우송과Taxodiaceae, 나한송과Podocarpaceae, 남양삼나무과Araucariaceae, 소나무과Pinaceae, 주목과Taxaceae, 측백나무과Cupressaceae 등이 속한다. 이 중 은행나무와 침엽수에 해당하는 소나무과, 남양삼나무과, 측백나무과가 목재로 많이 쓰이는 나무들이다. 우리가 잘 아는 소나무pine, 가문비나무spruce, 잎갈나무larix, 전나무fir 등이 소나무과에 속한다.

활엽수는 속씨식물로 꽃을 피우고 넓은 잎을 가지고 있는 나무를 말한다. 물론 모두 넓은 잎을 가지고 있는 것은 아니다. 활엽수는 침엽수에 비해 분류군과 종도 훨씬 많고 목재로 사용되는 나무도 많아 별도의 설명을 나열하는 것이 힘들다.

침엽수는 활엽수에 비해 구성세포의 종류와 형태가 훨씬 단순하다. 수분이 이동하는 통로 역할과 나무를 지탱해주는 역할을 동시에 담당하는 헛물관(가도관)tracheid, 양분을 저장하는 방사조직rays, 그리고 일부 수종에서처럼 송진과 같은 수지resin를 배출하는 수지구resin canal 등으로 구성되어 있다. 이중 헛물관이 세포의 대부분을 차지하고 있다. 수지구의 존재는 침엽수를 육안이나 현미경을 통해 식별할 때 중요한 기준이 된다. 수지를 분비하는 목적 중의 하나는 세포를 보호하고 상처를 치료하기 위한 것이다. 소나무속, 잎갈나무속, 가문비나무속 등은 수지구를 가지지만, 전나무속, 솔송나무속, 개잎갈나무속, 삼나무속은 수지구가 없고 상처를 입었을 때 생겨나는 상해수지구라는 것을 가지고 있다.

활엽수는 세포조직이 더 복잡하고 다양하다. 활엽수는 대부분 수분의 이동 기능을 맡는 물관(도관)vessel, 나무를 지지하는 기능을 담당하는 목섬유, 방사조직, 유조직parenchyma(양분의 이동과 저장에 관여하는 세포조직) 등을 가지고 있다. 침엽수와 달리 수분의 통로와 지지를 물관과 목섬유가 분담한다. 침엽수와 활엽수의 가장 큰 차이는 도관이 있느냐 없느냐인데 도관이 없는 침엽수를 무공재non-pored wood라고 하고, 활엽수는 도관이 있는 유공재pored wood라고 부르기도 한다. 수지구의 유무가 침엽수 종들을 구별하는 데 중요한 요소인 것처럼, 도관이 어떤 형태로 분포하고 있는지는 활엽수들을 구분하는 지표가 된다. 연륜경계를 따라서 배열하는 것이 환공재, 골고루 퍼져있는 것을 산공재라고 한다.

보통 계곡에는 활엽수가 잘 자라고, 능선에는 침엽수가 잘 자라는데 활엽수는 생장이 느리고 침엽수는 생장이 빠르다. 더 치밀하고 복잡한 세포 구조를 가졌기 때문에 활엽수가 침엽수에 비해 더 단단한 것으로 흔히 평가된다.[4] 하지만 비중을 따져보면 비중이 엇비슷한 침엽수와 활엽수가 꽤 많이 분포하고 있어, 단순히 침엽수를 소프트우드softwood, 활엽수를 하드우드hardwood라고 부르는 것은 절반만 맞다고 보아야 한다. 활엽수인 느티나무가 침엽수인 소나무보다 훨씬 단단하고 가공에 힘이 들어간다. 물론 활엽수인 오동나무가 가볍고 가공도 쉬운 것처럼 반드시 그런 것은 아니다. 보통 목재의 강도는 대개 비중이 증가할수록, 단위 길이 당 연륜수가 많을수록, 만재율이 높을수록 증가하는 경향이 있다고 이야기한다. 목재는 상대적으로 철골조 건축물보다 가벼워 외부의 충격에도 강한 편이다. 실제 목재의 무게 대비 인장강도는 콘크리트의 약 225배, 철의 4.4배에 달한다. 압축강도와 휨강도도 이에 못지않은 수준이다.[5]

4 침엽수가 활엽수보다 1.5배 정도 잘 자란다. 온대지방에서 침엽수를 조림 수종으로 많이 사용하는 이유도 이 때문이라고 한다. 마상규·이강오, 『숲 경영 산림 경영』, 푸른숲, 2017.

5 압축강도는 콘크리트의 9.5배, 철의 2.1배이며, 휨강도는 콘크리트의 약 400배, 철의 15.3배에 이른다고 한다. 국립산림과학원, 「빅데이터로 보는 산림」, 산림과학지식서비스 웹진, 2018. 8.(http://know.nifos.go.kr/webzine/201808/bigdata.do)

단단함과 부드러움은 나무를 평가하는 척도가 아니다. 무른 나무는 무른대로 가공하기 좋아 표현의 영역을 넓힐 수 있다. 단단한 나무는 다루기 힘들어도 견고함이 필요한 자리에 어울린다. 좋고 나쁘다고 이야기할 수 없다. 더 진화한 것이 그렇지 않은 것보다 뛰어난 것이라는 판단은 스스로의 몫이지 상대방에게 적용하는 것이 아니다. 처해진 환경에 따라 진화하고 적응해간 것일 뿐이다. 원하는 것을 보지 말고 있는 그대로 받아들이고 적용하는 것이 나무작업자의 몫이다. 나무를 대하는 일과 사람을 대하는 일 무엇 하나 다를 것이 없다.

5장

꿈으로 열고 쓰임으로 닫는 삶

기술이냐 예술이냐

공구에 대한 짧은 생각

디지털기기의 발전은 일부만 향유하던 예술을 많은 사람들이 누릴 수 있도록 해주었다. 과거에는 카메라를 가지는 것조차 소수에게 가능한 일이었고, 노출 하나만 잘 맞추고 초점만 어느 정도 맞추어도 사진 잘 찍는다는 소리를 들을 수 있었다. 도구를 직접 다루는 감각이 중요하던 시절이었다. 이제 카메라 한 대쯤 없는 집이 없는 세상이 되었다. 노출은 알아서 상황에 맞춰 잡아주고 초점도 손가락만 잘 움직이면 말 그대로 쨍하게 만들어준다. 몇 가지 기초지식만 갖추고 연습하면 전문가 못지않은 결과물을 만들어낸다. 캔버스가 아니라 컴퓨터로 가상의 붓과 물감으로도 훌륭하게 그림도 그려낸다.

누구나 도전할 수 있는 세상이 되었다고 예술을 아무나 하는 것은 여전히 아니다. 도구를 잘 다뤄 결과물을 만들어낸다고 그걸 예술이라 하지는 않는다. 독특함과 감동은 아무나 해낼 수 있는 일이 아니다. '누구나 할 수 있지만 아무나 할 수 없는 경지'가 예술을, 더 나아가 문화 전반을 집약하는 문장이다. 기술의 대중화가 창의성마저 가져다주지는 않는다. 모든 것이 작품이던 시대에서 모든 것이 물건일 뿐인 시대가 되었기 때문이다.

그런 면에서 목공은 다른 분야보다 대중화 속도가 아직은

늦은 것 같다. 목공은 많은 도구를 다루어야 하고 그 숙련도에 따라 만듦새의 완성도가 크게 달라진다. 갖가지 에너지의 힘을 빌린 목공기계들이 등장하면서 시간 단축과 함께 접근성 또한 향상되었다. 상당한 기술이 없으면 정확한 톱질이 힘들었지만 전동 공구의 출현은 반복 작업과 정확도를 높여주었다.

전통적 형태의 드릴은 19세기 말 전기 모터의 등장으로 새로운 국면을 맞게 되었다.[1] 일정한 훈련만 거치면 누구나 물건 만드는 일에 도전해볼 수 있는 여건은 마련되었다. 구멍을 내거나 곡선을 따라 나무를 재단할 수도 있다. 부재 가공도 훨씬 수월하게 진행할 수 있다. 손과 눈에 의지하는 것이 아니라 데이터와 반복이 작업의 결과를 뒷받침해준다. 그렇더라도 사진처럼 폭발적인 대중화의 길을 쉽게 따라가진 못할 것 같다. 기구는 다양하고 고정시켜 두어야 할 공간도 필요로 하기 때문이다. 물론 도구에 대한 접근성은 여전히 남아있는 문제다. 벌목 과정에서 톱을 사용하는 것이 도끼보다 능률과 결과 면에서 효과가 좋다는 평가를 받았지만 곧바로 도입되는 데는 시간이 걸렸다. 숲에서 쓰는 톱은 평민들이 감당하기에는 너무 비쌌고, 정작 톱

1 전동 드릴은 1889년 아서 아노트Arthur James Arnot에 의해 발명된다. 이후 대중적으로 사용하는 포터블 전동 드릴이 여러 형태로 발전해왔다. 현재 우리가 가장 대중적으로 사용하는 포터블 전동 드릴은 1895년에 Wilhem & Carl Fein이 제작했고, 1914년 블랙 & 데커사Black&Decker에 의해 손잡이가 달린 포터블 드릴이 탄생했다. 특허청 디자인맵 웹사이트(https://www.designmap.or.kr:10443/).

덕분에 능률이 오르면서 기술자들이 받는 임금은 오히려 줄기도 했다.[2] 톱의 사용이 늦어진 한 이유다. 그럼에도 기술은 앞으로 더 이 격차를 좁혀줄 것이다.

기술자와 예술가에 대해 공방 사장님과 이야기를 나눈 적이 있다. 정확히는 목수가 기술자가 되느냐 예술가가 되느냐에 대한 대화였다. 사장님에 따르면 무언가를 깎든, 다듬든, 만드는 기술은 대체로 한 3년 정도 꾸준히 하면 고만고만한 수준에 이르게 된다. 이 시점에서 기술자와 예술가, 혹은 사업가로 나뉘어 진화하게 되는데 그 구분은 바로 상상력이다. 만드는 행위 자체가 뛰어난 사람은 만드는 속도가 비약적으로 빨라지고 정교해진다. 같은 물건을 반복해서 만드는 기술자가 되는 것이다. 이 사람에게 도면을 주고 이렇게 만들어달라고 하면 똑같이 만들어준다. 그런데 새롭고 재미있는 것이나 특정한 재료를 들고 가서 무얼 만들면 좋을지 물어보면 대답하지 못한다는 것이다.

만드는 작업 그 자체보다 물건에 대한 상상력이 흥미로울

2 숲 벌목작업에서 톱 사용은 19세기에야 비로소 보편화되었다. 1752년 마리아 테레지아 여제는 도끼로 칠 때 나무 조각이 너무 많이 나온다며 톱을 이용해 뿌리 가까이까지 나무를 자르라는 지침을 내렸지만 톱을 구매하는 비용은 도끼보다 6배나 많이 들어 한계가 있었다. 20세기까지도 특정 목적에 쓰일 목재를 절단하는 작업에는 톱보다 손도끼를 더 애용했다. 둥근톱(1793년)과 띠톱(1807년), 그리고 최초의 무늬목 절단기계(1806년)가 잉글랜드에서 발명되었고 19세기 후반에 실용화되었다. 톱 작업 기계화가 처음 시작된 것은 19세기 중반 미국에서였다. 요아힘 라트카우, 『나무시대(역사를 바꾼 물질 이야기 3)』, 서정일 옮김, 자연과 생태, 2013.

때 그는 예술가의 길로 들어서게 된다. 목공은 아직 기술의 영역이 더 많은 부분을 차지한다. 상당한 수준의 기술자가 된 자에게만 예술가가 될 기회가 허락된다는 이야기다. 장인이라 불리는 예술의 영역에 도전하려면 기술의 산을 넘어야 한다. 예술적인 감각이 있다고 기계가 알아서 척척 만들어주지 않는다. 여전히 손의 미세한 떨림에 굳은살이 박여야 가능한 영역이 있다. 전동 공구 이전에는 수십 년간 익혀야 했던 기술을 기계가 능수능란하게 처리한다고 해도, 그 많은 도구를 준비하고 익히고, 숙달하는 데는 시간이 많이 걸린다. 함부로 도전할 수 있는 영역은 아니다. 공구의 발전은 기술자나 예술가만을 위한 것이 아닐 것이다. 모든 사람을 위한 것일 때 더 의미를 가질 수 있다.

누구나 자기 물건 자기가 만들어 쓸 수 있어서, 서랍 속에서 꺼내볼 수 있는 목공이 되었으면 좋겠다는 생각을 자주 한다. 내 옆의 나무를 사랑하고 그 나무로 내가 쓸 것을 만들어도 이상하지 않은 세상, 돈으로 살 수 있는 능력이 가치 있는 것이 아니라 내 상상력이 만들어내는 사물이 서로에게 가치를 얻는 세상 말이다. 내 손으로 밥 해먹고 청소하고 물건 만들고 사는 삶이 사람 사는 세상이다. 모두가 장인이 될 필요는 없으니까. 기계들이 더 쉽고 더 다양하게 발전했으면 하는 이유이다.

실패를 부르는 원인?
필요를 넘은 욕심 탓

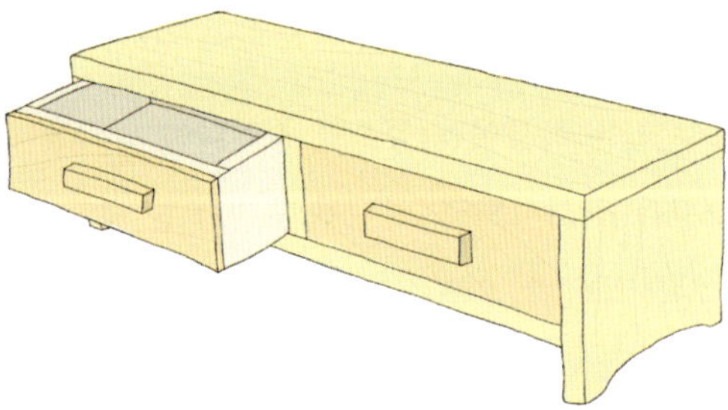

"목이 아파서 모니터는 못 올려 두겠네. 그냥 책상 옆에 작은 스피커 올려두고 메모지 넣어두는 용도로 쓸게."

결과물은 만들어졌으나 원래 목적으로 이용하기에는 힘들어진 상태. 사람들은 그걸 실패작이라고 말한다. 그 원인에는 보통 욕심이 깃들어있다. 욕심은 능력이나 여건을 넘어서는 것을 탐하기 이전에 상황판단이 미흡해 생긴다. 스스로 만들어낸 필요는 결국 실패를 부르고 만다는 것을 작은 소품 하나 만들며 절감하게 되었다.

처음에는 컴퓨터 모니터를 올려둘 간단한 받침대를 만들어줄 생각이었다. 노트북 컴퓨터를 사용하는 시간이 많지만, 영상작업이나 그래픽 작업을 위해 움직이지 않는 데스크 탑 컴퓨터를 이용하는 시간도 많다. 키보드와 마우스를 정리할 수 있도록 만들면 책상을 깔끔하게 유지하는 데도 도움이 될 터였다. 시중에 많이 판매되고 있는 기성제품처럼 간단하게 'ㄷ'자 형태로 만들면 되겠다 싶었는데, 연필이나 메모지, 포스트잇과 같은 잡동사니들도 함께 정리하면 훨씬 좋겠다는 생각이 들었다. 그래서 서랍을 하나 달아보기로 했다. 품이야 조금 들어가겠지만 여러모로 이용가치가 더 높겠다 싶었다.

처음 서랍도 만들었다는 뿌듯한 마음으로 책상 위에 올려놓고 모니터를 위에 올려보고야 깨달았다. 이러다 목이 부러지겠구나. 서랍을 달아 넣다보니 정작 모니터가 올라갈 높이가 너무 높아지리라는 것을 인식하지 못했다. 그저 그 정도면 조금 올려다보면 되겠다 생각했는데, 조금이 아니었고 우리 목은 그렇게 오랜 시간 올려다보는 것을 감당하지 못했다. 스마트폰을 계속 내려다보는 것도 목에 부담이었지만, 모니터를 장시간 올려다보는 작업도 고역이었다. 결국 책상 옆에서 소품 정리하는 용도로 밀려나게 되었다.

용도에 맞게, 딱 그 정도만 갖춰야 하는 것들이 있다. 더 좋은 기능, 더 편리한 장치를 덧붙이고 싶은 마음이 동하다 보면 정작 쓸 수 없는 것이 되어버리는 순간이 있다는 것을 받침대를 제작하면서 다시금 깨달았다. 정확한 치수와 시뮬레이션 작업은 사소한 작업에서도 필요하다. 필요는 창의적인 생각을 불러오지만 욕심은 더 많은 노동을 야기할 뿐이다.

실패작(?) 모니터 받침대는 간단해 보여도 작업해야 할 양이 많았다. 두 부분으로 나눠 작업을 해야 하는데 하나는 서랍이 들어갈 받침대 부분, 하나는 서랍이다.

받침대 부분부터 만들기 시작한다. 상판이 옆판의 마구리면을 모두 덮도록 재단하고 하판은 각각의 옆판에 홈을 파 끼우는 방식으로 결합한다. 하판을 결합하기 위해 트리머를 이용, 옆판 앞쪽은 제두께 막힌 가로홈을, 뒤쪽은 제두께 관통 가로홈을 판다. 앞쪽에서 보면 홈이 들어나지 않는 형태가 된다. 뒤쪽에는 합판을 붙일 예정이기 때문에 옆판 뒤쪽 부분은 끝까지 홈을 파낸다. 서랍 두 개 사이를 구분하는 판은 상판 쪽으로는 홈을 내 끼우고 하판 쪽으로는 밑에서 나사못을 체결해 결합시킨다. 합판을 전체적으로 붙이면 외관상 보기가 좋지 않으므로 합판을 밀어 넣는 방식으로 결합시킨다. 부재가 모두 준비가 되었으면 못으로 결합하기 전에 한 번 맞춰 본다.

먼저 옆판과 아래 받침대를 결합한다. 만들어놓은 가로홈에다 아래 받침대를 접착제를 발라 끼운다. 서랍의 크기가 작고 내용물이 무거운 것이 없기 때문에 접착제만으로도 지지할 수 있지만 결합성을 높이기 위해 옆판에 실타카를 쳐주는 것도 괜찮다. 좌우 구분판을 끼우고 상판을 덮는다. 뒤집은 다음 아래쪽에서 가운데 구분판과의 결합부위에 나사못을 박는다. 마무리되었으면 뒤판을 밀어 넣어 접착제로 결합시키고 나사못과 타카로 결합부위를 체결해준다. 받침대 부분은 완성되었다.

다음은 서랍이다. 서랍은 여닫을 때 가벼워야 하므로 보통 오동나무로 만든다. 오동나무는 오래 전부터 가구에 많이 쓰였다. 실제로 오동나무는 활엽수이면서도 무게가 가볍고 무른 편이다. 질 좋은 오동나무를 구하는 것이 어려워서 그렇지 서랍을 만드는 데는 아주 유용한 목재다.

먼저 익힌 사각형 박스를 만들면 된다. 서랍의 옆판과 밑판을 타카로 결합한다. 뒤쪽 합판의 두께와 앞쪽에 붙는 느티나무 상판과 옆판은 나사못을 박아 목심으로 처리하거나 타카를 이용해 결합한다.

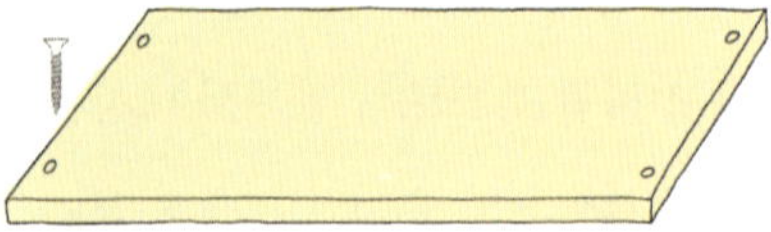

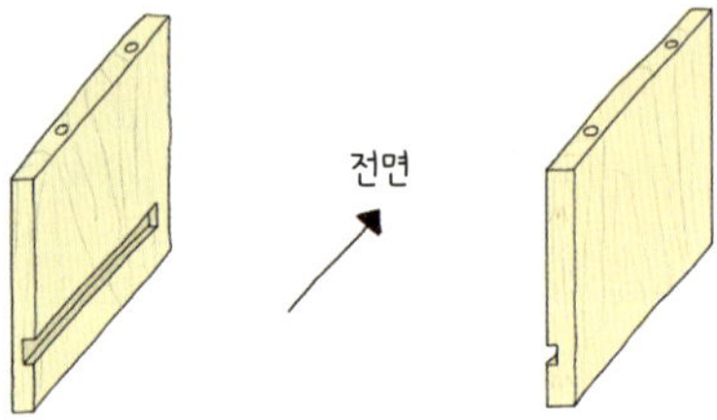

들어갈 하판의 두께로 뒤쪽은 뚫리게(관통 가로홈), 앞쪽은 막히게(막힌 가로홈) 홈을 낸다.

하판과 옆판은 가공한 홈에 끼워 연결한다.

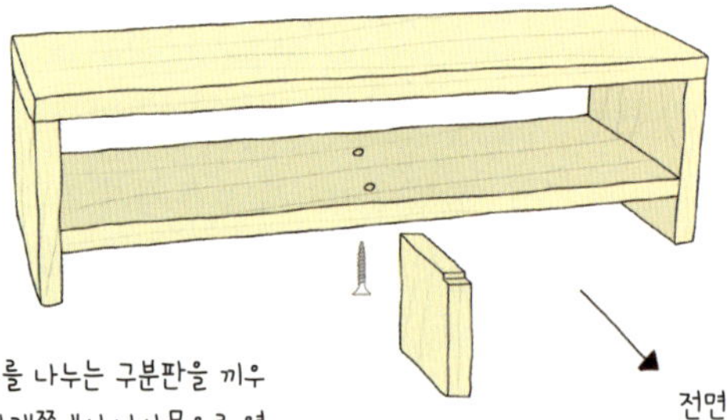

좌우를 나누는 구분판을 끼우고 아래쪽에서 나사못으로 연결한다.

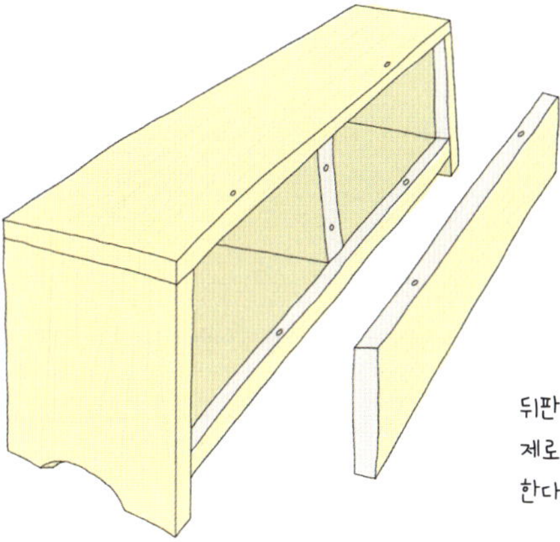

뒤판을 공간에 밀어 넣어 접착제로 붙이고 나사못으로 체결한다.

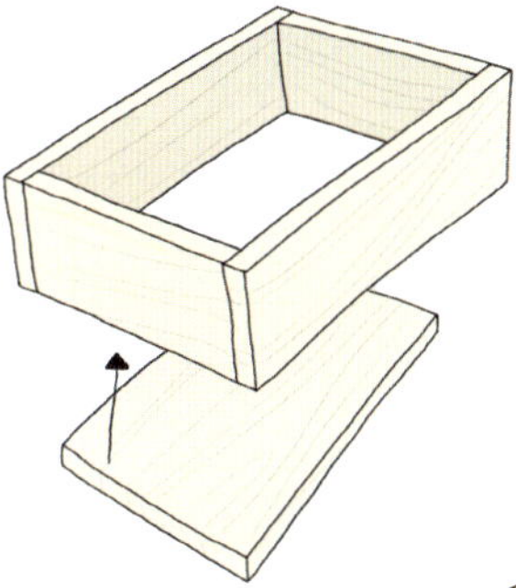

공간박스 형태로 서랍의 상자 부분(오동나무)을 만들고, 앞쪽 노출판재(느티나무)와 손잡이를 나사못으로 체결한다.

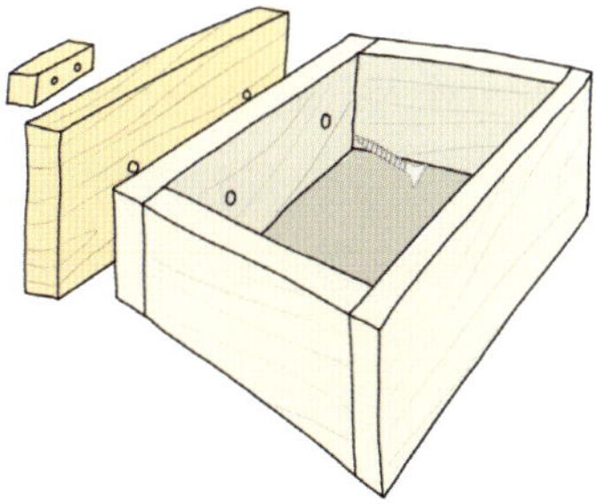

판재 두께를 뺀 만큼의 깊이가 상자의 폭이 되도록 치수를 재단해주어야 한다.

나무 상자가 만들어졌으면 느티나무를 한 쪽에 붙이고 안쪽에서 나사못을 이용해 연결해 준다. 그리고 손잡이로 쓸 나무도 재단해 붙이고 역시 안쪽에서 나사못으로 고정해 준다. 손잡이는 기성품을 판매하는 것을 사와서 붙여도 좋지만 같은 느낌을 살려주는 것이 좋다. 느낌을 주기 위해 수성 페인트를 이중으로 칠했지만 느티나무 부분은 무늬결이 아름다워 그냥 두기로 했다. 이번 제작에서는 서랍의 깊이를 잘 고려해 재단하는 것이 무엇보다 중요하다.

모니터 받침대도 아니고 서랍장이라고 하기에도 어정쩡한 물건이 만들어졌다. 첫 시도는 의도대로 되지 않아 다른 용도로 쓰이겠지만 다시 도전해볼 계기를 만들어 준 것으로 마음을 달랬다.

나무는 필연적으로 살면서 덩치를 키운다. 살이 찌는 부피 생장과 함께 새로운 가지가 나와서 키가 크는 높이 생장을 한다. 소나무, 잣나무, 가문비나무, 솔송나무, 참나무와 같은 나무는 줄기의 마디 수로 나이를 추정할 수 있다고 하는데, 그 이유가 고정 생장fixed growth이라는 것을 하기 때문이다. 나무는 줄기와 가지의 끝에서 새로운 가지를 만들어 키가 크는데, 이 끝에 눈

(芽)이 생긴다. 고정 생장하는 나무의 올해 자랄 줄기 수는 이전 해에 형성된 겨울눈冬芽 속에 있는 원기原基(미래에 어떤 기관이 될 것이 예정되어 있지만 형태나 기능적으로 아직 미분화 상태에 있는 세포조직)의 수로 미리 정해져 있다. 그대로 봄부터 자라고 여름이면 생장을 멈추게 된다. 그래서 매년 한 마디만 줄기 생장을 하게 된다. 더 좋은 여건이 마련됐다고 하더라도 더 욕심내지 않고, 올해는 준비한 대로 그 만큼만 자란다. 이런 이유로 고정 생장을 하는 나무는 자유 생장하는 친구들에 비해 키가 더디 자란다. 자유 생장은 이와 달리 새로운 가지가 가을까지 계속 새로 생겨나며 자란다. 다른 잎이 시기를 달리해 만들어지는 자유 생장은 그래서 1년에 여러 마디의 줄기가 생긴다.

고정 생장을 하는 나무가 급여생활자라고 한다면 자유 생장을 하는 나무는 자영업자쯤 된다고 할까. 정해진 시기에 월급이 꼬박꼬박 나오는 급여생활자는 액수의 많고 적음에 관계없이 나름의 계획적인 삶을 꾸려가게 된다. 대박은 없어도 일상의 소중함을 느끼며 살 수 있다. 반대로 자영업자는 혼돈의 세월을 보내면서도 성장할 수 있는 기회가 온다면 더 많은 수익을 얻기 위해 발버둥 치게 된다. 삶에 정해진 것은 없다. 매 순간이 기회이자 혼돈이다.

오랜 기간 유지하던 직장을 그만두고 험악한 자영업의 전쟁터로 들어섰을 때의 기억이 선명하다. 유연한 삶이지만 그에 대한 대가도 혹독하기 마련이다. 성장할 기회보다는 최소한의 삶을 꾸리기에 급급한 시간들도 많다. 어떤 삶이 맞다 그르다 할 수 있는 것이 아니다. 어쩌면 자신의 유전자(육체적이건 정신적이건)가 이끄는 대로 가게 되는 것이 삶이 아닌가 싶기도 하다. 딸과 같은 나이에는 나도 가능성과 혼돈이 뒤범벅이었다. 얼마 후면 그 길이 끝나는 어귀 어디쯤인가에 다다르게 될 것이다.

실패작이라는 판단은 모두 완성된 이후의 것이지 만드는 과정까지 실패인 것은 아니다. 더 중요한 것은 실패가 쓸모없음과 동의어가 아니라는 사실이다. 의도와 달라졌지만 다른 용도로 사용할 수 있고, 해보고자 하는 바를 실행해 볼 수 있어서 도움이 되지 않았던 것도 아니다. 중간 중간 실패하지 않았다면 영원히 모르고 지나갈 사실들을 깨닫는 순간도 많았다. 실패하는 물건과 일은 있어도 쓸모없는 나무나 삶은 없다는 것을 딸들이 이해해주기 바라는 마음이다.

스스로를 지키는 침묵의 소리, 나무의 향기

공방에서 삼나무나 편백나무와 같은 종류의 목재를 켤 때면 상쾌하고 기분 좋은 향기가 스며든다. 소나무 숲에서 흔히 맡을 수 있는 솔향과 비슷해 갑자기 숲에라도 온 느낌이 든다. 나무에 코를 대고 킁킁거릴 때는 살짝 흔적만 뿌리는데, 톱날이 목재의 속을 건드리게 되면 품고 있던 향기를 한꺼번에 내어놓는다. 꽃도 열매도 아닌 나무에서 어떻게 이런 향기가 나는 걸까.

식물은 저마다의 향을 가진다. 당연히 나무도 그렇다. 줄기의 방사조직이 기본적으로 향을 부여하지만, 누구나 쉽게 맡을 수 있을 정도로 진한 향기가 모든 나무에게서 나오는 것은 아니다. 향을 내는 데는 방사조직 말고도 에피델리얼이라 불리는 세포, 그리고 수지세포가 관여한다. 에피델리얼세포epithelial cell는 수지구樹脂溝(송진구멍)를 둘러싸고 있는 세포인데 수지구를 가지고 있는 나무라면 이 세포가 존재한다.[3] 소나무나 잣나무와 같은 수종이 이 세포를 지니고 있다. 편백나무, 삼나무, 미국 측백

3 우리가 맡는 솔향기와 같은 나무 향은 바로 수지가 발산되어 나는 향이다. 이런 나무들은 대부분 침엽수다. 그렇다고 수지구가 모든 침엽수에 있는 것은 아니다. 전나무, 주목, 비자나무 등은 수지구가 없기 때문에 향이 조금 약하다고 한다. 오정애, 「향기 나는 목재의 특징」, 한국선향산업발전워크숍, 2012. 12. 20. 한국임업진흥원 공식 블로그(https://kofpi.tistory.com/42) 재인용.

나무(레드 시더) 같은 나무들은 수지구는 없지만 수지세포를 가지고 있다.

침엽수에 비해 활엽수계열에서는 좋은 향을 가진 목재를 찾기가 매우 어려운 것으로 알려져 있다. 침향과 같은 나무는 좋은 향이 난다고 하는데, 맡아보지 못해 어떤 향인지는 잘 모르겠다. 활엽수는 대부분 수지를 만드는 세포가 없어 나무냄새는 나지만, 향기라고 표현할 만한 목재는 드물다고 한다.

목재는 건조되는 과정에서 자신의 향을 많이 내뿜는다. 그렇게 좋은 향을 풍기던 목재도 실내에 오래 두면 향이 거의 날아가 느끼지 못하게 된다. 그래서 물을 살짝 뿌려주면 마르면서 향이 다시 발산되는 것을 느낄 수 있다. 물론 칠이 완료되지 않은 상태에 한정해서다. 공방에서 편백나무를 켜고 생긴 톱밥들을 모아 두었다가 가져온 적이 있다. 천에 나눠 담아 구석구석에 놓아두고 방향제로 써볼까 해서였다. 처음에는 좋은 향이 났지만 얼마 시간이 지나면 툭툭 쳐보아도 향이 잘 나지 않았다. 이럴 때는 분무기로 물을 살짝 뿌려두면 다시 향을 느낄 수 있었다.

나무가 내는 향기라고 하면 흔히 피톤치드라는 단어를 쉽게 떠올리게 된다. 숲 속에서 시원한 향을 느낄 수 있는 것은 피톤치드의 영향 때문이지만 그것 자체가 특정한 향을 이야기하는 것은 아니다. 피톤치드가 나무의 다양한 기관에서 분출되고 목재에서도 발생되기는 하지만 주로 살아 있는 나뭇잎에 있는 기공을 통해 공기 중으로 나온다. 그래서 가공된 목재에서 나오는 향이라고 보기에는 애매하다.[4]

서로 섞여 있다가 가공을 위해 인간이 톱으로 켤 때야 목재는 향기를 내뿜는다. 내게는 그래서 그 향이 속살만 남은 나무의 마지막 항변처럼 들리고는 한다. 나 이런 존재라고, 한 번 돌아봐주지 않겠느냐고 시위하듯 말이다. 다른 동물들을 내쫓거나 자신을 치유하기 위해 만든 물질이 사람들이 오히려 좋아하는 향기가 되었다는 사실을 나무는 어떻게 받아들일까. 건드리기 전까지는 고요한 사물이지만 접촉하고 말을 걸면 소통하는 생물로 변하는 것이 나무다. 아마도 나무를 켤 때마나 우리는 속살이 터지며 내뱉는 나무의 소리 없는 속삭임을 듣고 있는 것인지도 모른다. 향기는 아무 때나 내뿜지 않고 누군가 손짓해올 때만 나온다. 내게도 향기가 있다면 아이들이 자주 발견해주었으면 좋겠다. 여름이 절정을 향해 가는지 창밖으로 들어오는 나무향이 더욱 진해지고 있다.

4 피톤치드는 식물이 자신을 방어하기 위해 뿜어내는 물질의 총칭이다. 피톤치드 phytoncide라는 이름도 '식물의'라는 뜻의 'phyton'과 '죽이다'라는 뜻의 'cide'를 결합해 만든 것이다. 특정 성분을 지칭하는 말이 아닌 식물이 내뿜는 항균성의 모든 물질을 통틀어서 일컫는 말이다. 국립산림과학원, 「피톤치드」, 산림과학속보 18-7, 2018.

필요한 것을 필요한 곳에…

다시 서랍에 도전하다

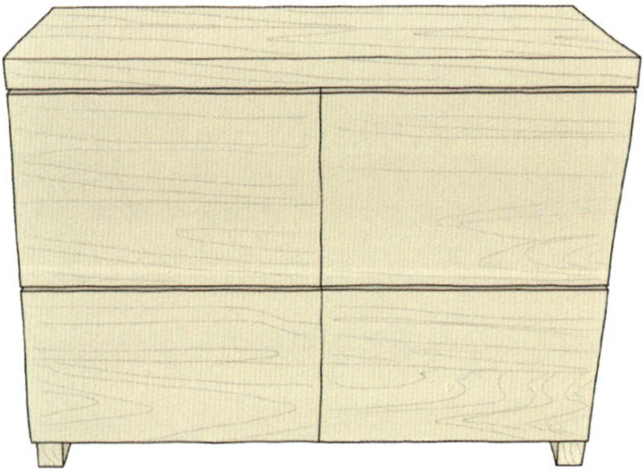

어설프게 기능을 추가 하고 싶어 만들었던 서랍은 용도에 어울리지 않는 것이었다. 제 용도에 맞는 쓰임새를 찾아주고 싶었다. 마침 액세서리를 한 곳에 모아두기 위해 새로운 정리함이 필요했고, 받침대가 아니라 서랍의 기능만을 가진 서랍장을 만들어보기로 했다.

외관을 감싸는 소재는 화이트 오크 집성목으로, 서랍이 될 부분과 뒤판은 삼나무로 정했다. 아마추어가 온라인 등을 통해 구할 수 있는 참나무 종류에 국내산 목재는 잘 없다. 북미산 레드 오크나 화이트 오크 집성재 정도를 구할 수 있을 뿐이다. 처음 만져보는 오크는 꽤 단단한 목재였다. 그동안 다루어본 침엽수 계통의 목재와는 비교할 수 없을 정도로 단단했다.

화이트 오크 계열로 분류되는 참나무의 경우 형성층이 성장을 멈추고 목질화되면 비어있던 도관을 타일로시스tyloses라는 물질이 채워 나무의 손상을 줄이게 된다. 이 결과로 방수성이 생기고 비중과 강도도 세진다고 한다. 레드 오크 계열과 다른 점이다. 와인을 숙성시키는 오크통에 활용되는 것도 주로 화이트 오크계열의 참나무들인데 이 점이 고려되었을 것이다. 레드 오크에 비해 화이트 오크가 생장속도도 느리다. 우리나라에서 자생하는 갈참나무*Quercus aliena*와 신갈나무*Quercus mongolica* 등도 화이트 오크에 속하는데 갈참나무는 오리엔탈 오크oriental oak로 불리기도 한다.

이층짜리 서랍이고 이전보다 조금 내부가 복잡한 구조다. 외관을 생각해 정확하게 뒤판과 마주치는 부분을 고려해 재단도 해야 한다. 눈으로만 짐작하거나 연필로 그리는 스케치만으로는 작업이 힘들 것 같아 정확한 도면을 그려놓고 시작하기로 했다.

구상한 물건을 만들기 위해 그 형태를 머릿속에만 저장해둘 수는 없다. 정확한 치수를 다시 확인해야 하기도 하고 머릿속에 그린 연결이 제대로 작동할 수 있을지 알아볼 필요도 있다. 도면이 필요한 이유다. 만들고자 하는 물건이 조금 복잡해지면 연필로 종이에 그리는 것만으로는 부족하다고 느끼게 된다. 앞에서 보이는 면뿐만 아니라, 옆과 뒤쪽에서 보는 형태가 필요하기도 하고, 내부의 구조까지 한 눈에 파악할 필요도 있기 때문이다. 그때 필요한 것이 스케치업이라는 프로그램이다.

스케치업SketchUp은 건축, 인테리어, 조경, 건설, 설비, 건물관리에 필요한 3차원 모델링 도구인데 목공에서도 요긴하게 이용된다. 처음 시작할 때 조금 어려워서 그렇지 익숙해지면 손으로 그리는 것보다 훨씬 빠르고 직관적인 도면을 그려낼 수 있다. 밀고 당기는 기능은 평면으로 구성되어 있는 어떤 형태에도 작동되기 때문에 놀라운 효과를 발휘한다. 개체를 회전시키고, 필요 없는 부분을 쉽게 제거하는 등 직관화된 도구들이 장점이라고 할 수 있다. 최근에는 프로그램 사용방법을 설명하는 책과

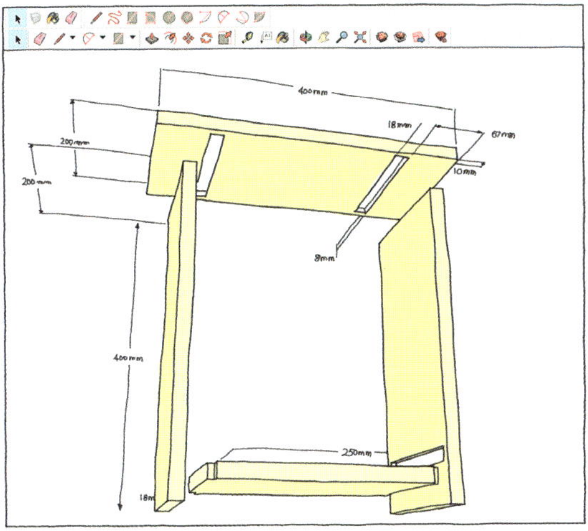

다양한 동영상들도 나와 있어서 활용이 그리 어렵지 않다. 기본 기능만 활용할 수 있는 무료제품(SketchUp make)도 사용이 가능하다.

먼저 삼나무를 이용해 생각해둔 서랍을 만든다. 기본적인 상자 만드는 방식을 이용해 상하좌우 모두 네 개의 서랍상자를 만든다. 외부에서 보이는 노출 앞판은 프레임작업까지 모두 한 다음 가장 나중에 결합한다. 각각의 서랍은 밑판이 네 개의 옆판 밑으로 들어가도록 치수를 재고 절단해 만든다. 연결은 나사못, 짜임 중 적당한 방법을 택하면 된다. 이번엔 사개짜임방식을 이용해 서랍상자를 만들었다.(사개짜임 상자만들기는 p.169 참조)

이제 서랍이 들어갈 프레임을 만들어야 한다. 서랍까지 들어가 완성이 되었을 때 프레임 부분이 보이도록 할 것인지, 프레임을 가리고 서랍의 전면부만 보이게 할 것인지 결정해야 한다. 프레임을 서랍이 모두 가리는 것을 구상했기 때문에, 상판은 나중에 서랍 앞부분에 덧댈 노출 부분의 두께를 감안해 조금 더 앞으로 튀어나오게 재단하고 이어야 한다. 프레임의 폭과 높이에 일치하게 서랍이 제작되어야 서랍을 닫았을 때 여백으로 인해 공간이 생기지 않는다. 상판과 옆판의 연결은 홈을 내 목심을 박아 끼우는 방식으로 진행하고, 옆판과 밑판의 연결은 옆판에 홈을 파 끼우는 방식으로 연결한다.

상판과 옆판을 목심으로 연결할 때는 두 부재 모두 일정한 지점에 홈을 내어야 정확하게 결합시킬 수 있다. 미세하게 차이가 나는 경우 억지로 밀어 넣으면 턱이 생기거나 균열의 원인을 제공하게 된다. 드릴가이드와 같은 보조장치를 이용해서 두 부재에 뚫는 홈이 정확하게 일치하도록 해주어야 한다.

옆판에 내는 홈은 밑판의 두께에 해당하는 폭만큼 테이블쏘를 이용한다.(p.63 참조) 모양을 위해서는 반턱홈을 내면 좋지만 서랍의 여닫는 부분이 앞쪽을 모두 덮을 예정이기 때문에 제턱홈을 파도 상관이 없다. 상하로 두 개의 서랍이 올라갈 수 있도록 아래 위 구분판을 만들어주어야 한다. 중간에 가로판을 전체적으로 대어도 되지만 나무가 모자라는 여건을 감안해 각재

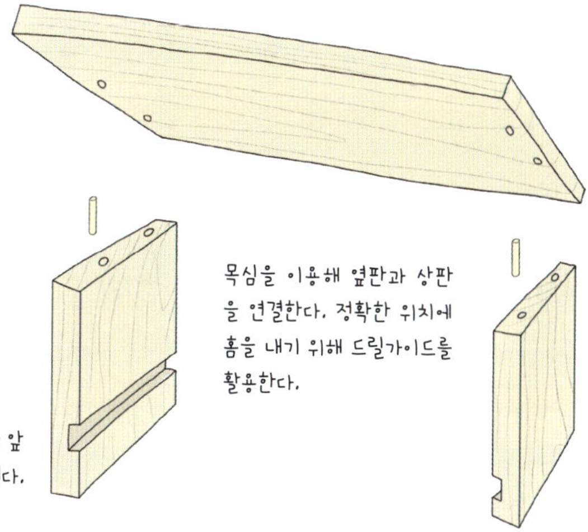

목심을 이용해 옆판과 상판을 연결한다. 정확한 위치에 홈을 내기 위해 드릴가이드를 활용한다.

제두께 관통홈을 앞뒤로 낸다.

드릴가이드

판재의 두께에 따라 폭을 조절한다.

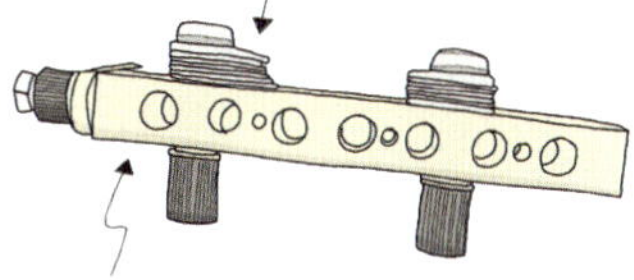

드릴 비트의 위치에 따라 홈을 선택한다.

서랍이 얹혀질 상하 구분대

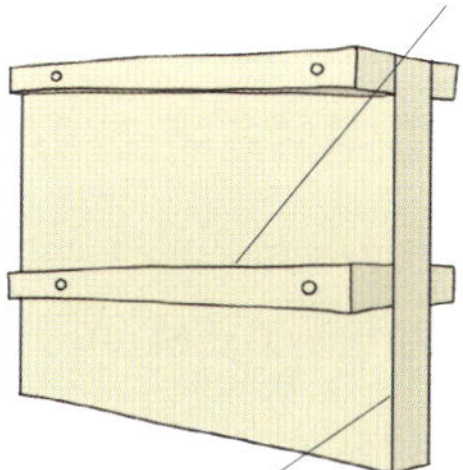

프레임 안에 서랍이 들어가고 나가는 공간을 위해 옆판과 가운데 구분판에 각각 상하구분대를 체결한다.

세로 구분대

만 덧대기로 했다. 전체 프레임의 두께와 같은 각재를 여러 개 만들어 가장자리에만 붙여주어도 서랍은 충분이 들어갈 수 있다. 나무가 충분하다면 옆판에 그냥 두 개의 홈을 내어 밑판과 구분판을 모두 끼워주는 것이 덜 번거로운 방법이다. 그때그때 상황에 맞도록 진행하면 된다.

서랍의 높이를 감안해 옆판의 적당한 위치에 상하 구분대를 나사못으로 연결해 준다. 양쪽을 구분할 세로 구분대에도 상하 서랍을 구분할 구분대를 연결한다. 밑판을 옆판, 좌우 구분판과 연결하고 상판을 최종적으로 연결해준다. 뒤판이 들어갈 수 있도록 구분대를 옆판의 폭보다 좁게 해준다. 만들어 둔 사각의 서랍상자를 모두 넣어보고 제대로 들어가고 나오는지를 확인한다.

서랍 앞부분에 별도의 노출 판재를 각각 붙이는 일이 남았다. 전면부에서 바라볼 때 좌우를 모두 덮을 수 있는 수치를 재어서 부재를 사등분한 다음, 각각의 서랍상자에 접착제와 나사못을 이용해 결합해 준다. 이때 중요한 것은 노출 판재의 크기가 서랍 본체의 가로 세로 크기보다 크고, 서랍 본체와 균형을 맞추기보다는 외부에 노출되는 네 개의 노출 판재와의 균형을 감안해 결합시켜야 한다는 점이다. 외부에서 바라보는 상태에서 균형을 맞춘 다음 본체와 노출 판재 부분을 흔들리지 않게 밀착시킨 후 그대로 나사못으로 결합하는 과정이 쉽지는 않다.

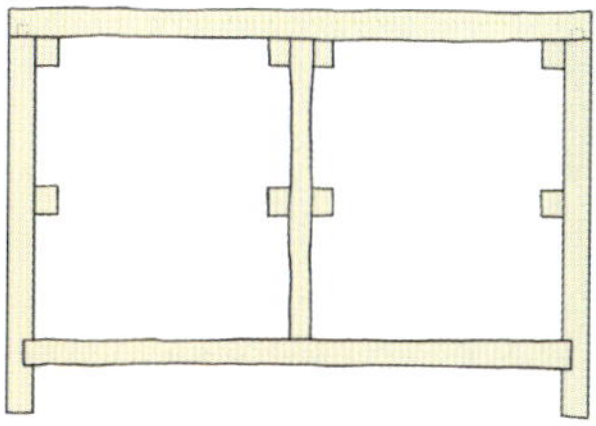

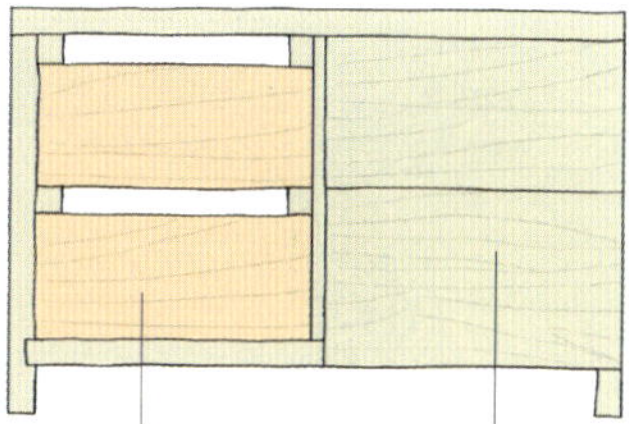

옆판과 상판, 중간 구분판 등을 모두 체결해 프레임을 완성하면 먼저 만든 서랍 상자를 넣어 원활하게 들어가고 나가는지 확인한다.

안쪽 서랍 부분만 넣은 상태.

노출 판재를 안쪽 서랍과 결합한 후 밀어넣은 상태.

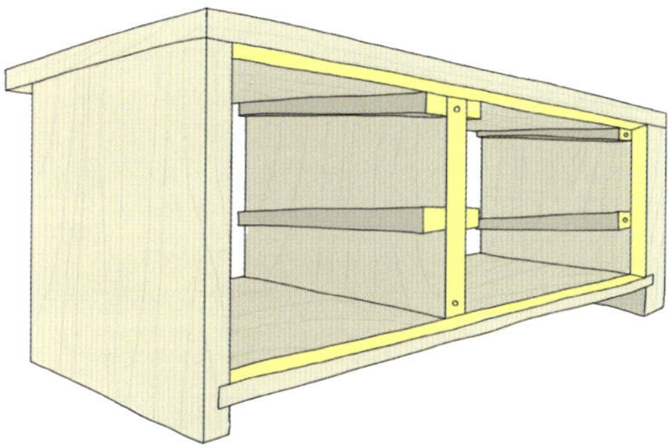

뒤판은 상하좌우 프레임 안쪽으로 들어가도록 재단해 밀어넣는다. 나사못을 이용해 연결한다.

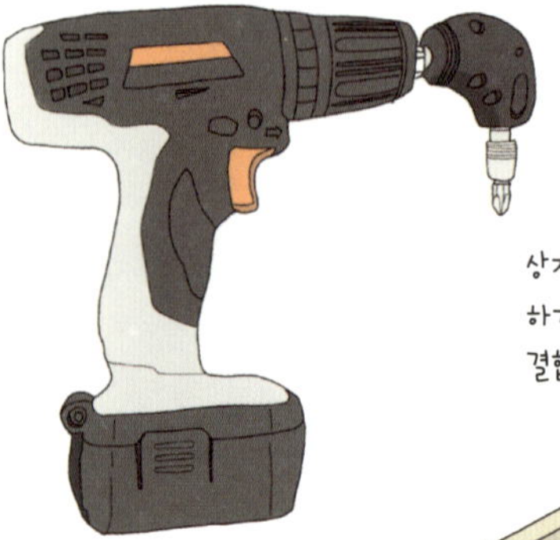

상자 내부가 좁아 드릴을 넣어서 작업하기 힘든 경우 기역자 드릴 보조도구를 결합해 나사못으로 체결한다.

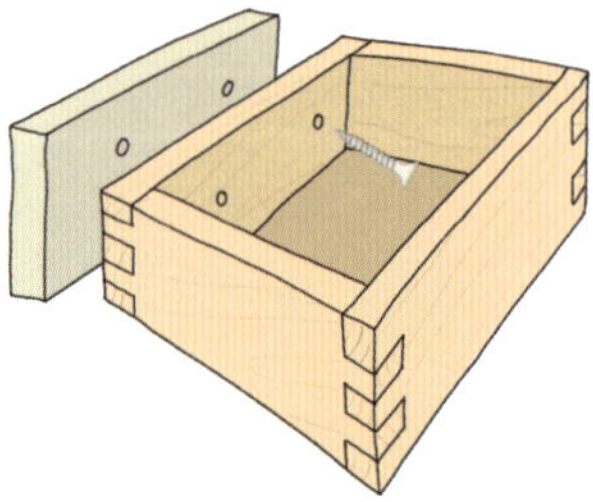

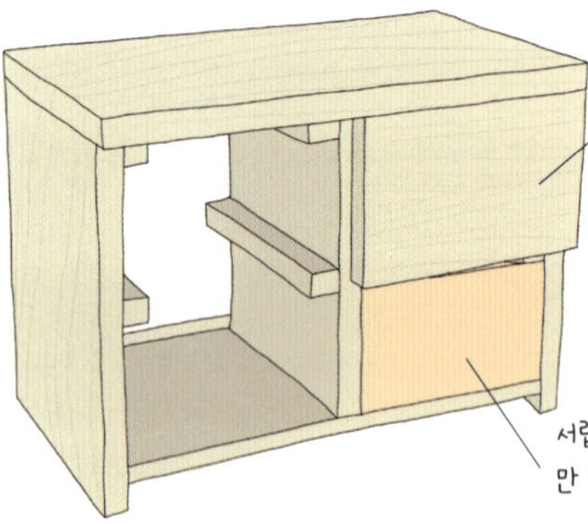

화이트 오크로 서랍외부를 덧댄 상태.

서랍에 쓰일 상자 부분만 넣은 상태.

접착제를 붙인 후 나사못으로 결합하는 과정에서 흔들릴 수 있기 때문에 실타카로 미리 잡아주고 클램프로 잘 고정하여 나사못으로 연결해주어야 한다. 시간을 들여 미세한 조정이 필요한 과정이다. 프레임에 딱 맞게 노출 부분을 만드는 것보다 어려운 점이다.

이제 얇은 판재를 뒷부분에 끼우고 결합시키면 된다. 구분판으로 사용된 각재의 마구리면에 맞춰 나사못을 체결해도 되고, 뒤쪽 프레임의 안쪽을 전체적으로 파낸 후 판재를 재단해 밀어넣어도 된다. 모양이 전체적으로 완성되었으면 사포와 칠로 마감한다. 칠은 무늬를 살리기 위해 오일 정도로 마무리한다. 네 개의 서랍이 상하좌우로 배치되는 구조이기 때문에 외부에서 바라볼 때 정렬이 매우 중요하다. 꼼꼼하게 재단하고 결합하지 않으면 서로 다른 간격과 틈이 발생해 외관상 보기 싫을 수가 있다. 내외부 모두가 잘 연결되어야 가능한 일이다.

작은 서랍장 하나 만드는 일에도 완성까지 꼬박 사흘이 소요되었다. 같은 크기의 플라스틱 제품을 몇 천원에 사다 쓸 수 있는데 굳이 이렇게 만드는 일에 대해 사람들은 시간 낭비라고 말할 수도 있을 것이다. 그렇지만 쉽게 버려지지 않는 물건을 만드는 일은 더디지만 즐겁고 성취감이 있는 일이며 해보지 않으면 알 수 없는 일이기도 하다. 욕심이 실패작을 만들기도 했지만, 그 실패로부터 더 발전된 다른 물건을 만들 수 있었다.

연마하고 연마하라

등가교환의 법칙, 사포

학문을 연마研磨한다는 말을 쓴다. 책을 좋아하기는 하지만 학위를 목적으로 공부를 하지는 않았고, 연마한다는 말이 담고 있는 의미를 크게 느끼며 살지는 않았다. 두 한자 모두 무엇인가를 갈아낸다는 뜻을 담고 있다. 언제까지 갈아야 할까. 학문을 연마하는 일에 끝이 있기는 한 것일까 하는 생각을 품었는데, 공방에서 사포질을 해보고서야 연마한다는 것이 얼마나 고통스럽고 지난한 일인가 알게 되었다.

연마 도구의 하나인 사포sand paper, coasted abrasive는 유연한 물질의 뒷면에 탄화규소 등의 연마 입자를 붙여놓은 것이다. 13세기 중국에서 처음 사용된 것으로 알려져 있는데, 이후 다양한 형태로 진화해 왔다. 공방에서는 보통 천과 종이로 된 사포를 쓴다. 사포의 거칠기, 입도는 숫자로 표기하는데 숫자 뒤에 흔히 방이라는 용어를 붙여 부른다. 영문으로 입도가 'grit'인데 왜 방이라고 부르는지 그 연원은 잘 모르겠다. 찾아보고 물어보았지만 설명해주는 곳을 아직 찾지 못했다.

입도는 일정한 단위 면적당 입자의 수를 말한다. 우리가 디지털 카메라의 화소수를 이야기하는 것과 비슷하다. 동일한 단위 면적에 얼마나 많은 입자가 있는지를 알려준다. 자연히 숫자가 적다는 것은 그 면적을 굵은 입자로 모두 채웠다는 것이고, 숫자가 많을수록 동일한 면적을 채우기 위해 더 작은 알갱이가 들어있다는 뜻이 된다. 작은 알갱이 여러 개가 훨씬 곱게 표면을 부드럽게 만들어줄 수 있을 것이다.

보통 사포질은 60~120방 정도로 시작해서 800방 정도에서 마무리된다. 1000방이 넘어가는 숫자들은 칠을 진행하면서 중간 중간 나무가 뿜어내는 오일을 다시 다듬어 주기 위한 용도이거나, 거친 면을 다듬는다기보다는 윤을 내야하는 경우에 사용한다. 그냥 맨손으로 접어서 사용하기보다는 자투리 나무나 물렁물렁한 재질의 사각형 블록에 사포를 감아서 진행하는 것이 표면에 힘이 고르게 전달되어 표면이 패이는 경우가 생기지 않는다. 물론 아주 좁은 부분에서는 접어서 사용할 수밖에 없다.

조그마한 액세서리 정도야 시간이 그리 걸리지 않지만 탁자 같은 것을 모두 사포질을 하려면 꽤 오랜 시간이 걸린다. 구석구석 사람 손이 가는 곳은 어느 곳이든 사포질을 해야 하고, 거칠기를 달리 하며 3단계 정도는 사포질을 해야 하기 때문이다. 단순한 작업을 계속하다 보면 팔도 아프고 게으름이 생긴다. 물론 완성도를 얼마나 높이느냐에 달려있다. 마당에 두고 쓰는 물건이 아니라면 꼼꼼하게 사포질이 된 것은 칠이 잘 먹고 그 결과물도 좋다.

그렇다고 사포질이 능사만은 아니다. 그라인딩의 위험이 사포질에도 여전히 도사린다. 모서리는 일정한 크기의 힘을 적당히 주지 않으면 지나치게 뭉툭한 모양이 되어버리거나 균형이 잡히지 않는 모습을 보일 수도 있다. 거친 표면을 없애지만 표면을 패이게 할 수도 있다. 들인 힘의 크기와 노력만큼 돌려받는 것도 동일하다. 잃는 것이 있으면 얻는 것이 있고, 얻으려면 그만큼 흘려버려야 할 것도 있다. 표면이나 모서리에 상처입지 않게 한다고 무작정 연마하다가는 날렵한 선을 망가뜨릴 수도 있다. 공방 사장님이 눈을 감고 손으로 표면을 만져보다 제대로 안 했다면 다시 하라고 시킬 때는 힘들기도 했다.

연마한다는 것, 갈아낸다는 것은 대상물의 표면만 매끄럽게 하는 것이 아니다. 어쩌면 긴 시간 동안 꼼꼼하게 정리하라는 뜻이리라. 대상이 나무이든 학문이든, 갈고 닦는 일은 다듬되 치우치지 않고 균형 있게 만드는 일, 그래서 참 어려운 시간이다.

150-AW
CC-1000CW

6장

오늘 이후를 준비하는 시간

책과 종이, 그리고 나무

공방으로 향하기 전 몇 권의 책을 온라인으로 주문했다. 해외 원서 한 권은 아마존에 직접 결제하고 책을 기다리기로 했다. 디지털과 온라인의 편리함이 있지만 나 같은 사람은 손과 눈이 함께 느끼는 물성에서 더 매력을 느낀다. 앞과 뒤로 마음껏 돌아다니며 읽는 자유분방함이 검색의 간편함을 이긴다. 형식의 '올드함'에도 불구하고 종이책의 미래가 사람들의 오랜 예측처럼 암울하기만 한 것은 아니다. 이미 새로운 세기가 시작될 무렵부터 당장이라도 사라질 것처럼 이야기했지만 꾸역꾸역 살아남아 있으니까. 종이책을 모든 사람들이 자유롭게 읽을 수 있는 시대가 된 것도 실은 그리 오래되지 않았다. 기껏 백 년 안팎이다. 아직은 좀 더 살아남아도 된다. 미래에 종이책은 보관할 수 있는 공간의 여유가 있는 사람이나 가질 수 있는 사치품이 될 수도 있을 것이다. 종이가 갖는 물성이 되었든, 익숙한 것에 대한 향수가 되었든 책이라는 것에서 무엇인가를 찾고 싶어 하는 사람들이 있는 한 종이책은 그 존재를 한동안 이어갈 것이다.

세상의 모든 정보를 유튜브에서 얻는다는 새로운 세대들에게 종이책의 유용성만 대놓고 이야기하는 것은 시대착오적으로 비쳐질 것이다. 어릴 적부터 책에 노출이 많이 되었다고 생각하는 딸들도 이러한 시대 흐름에 비켜서 있지는 않은 것 같다. 책을 읽으라는 소리는 우리가 어릴 때부터 숱하게 들어온 이야기다. 아마 그 이야기를 하지 않은 어른은 없을 것이다. 심지어 자신은 책을 일 년에 한 권을 읽을까 말까 한 사람조차도 자식에게는 독서를 강요하는 모습을 쉽게 발견할 수 있다.

대부분의 어른들은 두 가지 오해를 하고 있다. 한 가지는 책을 읽는다는 것을 공부, 아니 학습의 연장이라는 의미로 받아들이는 것이다. 책을 읽어야만 지식이 쌓이고 좋은 점수를 얻을 것이라는 기대 때문이다. 그들이 커오면서 그렇게 들어왔고 경험이 그것뿐인 까닭이다. 또 다른 한 가지는 책을 읽음으로써 자기계발이 이루어질 수 있다고 믿기 때문이다. 읽기 편하고 즉물적인 지식을 전달해 주는 책을 읽는 행위만으로 자기계발에 가깝게 다가설 수 있다는 생각이다. 물론 여기에서 사람들이 생각하는 자기계발은 처세술에 가깝다.

하지만 책을 읽는다는 것은 그리 만만한 작업이 아니다. 어떠한 책인가도 중요하다. 읽어야 한다면서도 사람들이 책을 읽지 않는 건, 책 읽기가 만만치 않다는 뜻이고 노력이 요구된다는 증거이다.

책을 (제대로) 읽는다는 것은 삶을 온전히 살아내겠다는 뜻이다. 내 앞에 촘촘히 짜인 세상, 혹은 사람을 제대로 읽어냄으로써 나의 생각을 바르게 세우고 온전한 행동으로 살아가겠다는 자세를 견지하는 행위다. 그러므로 당연히 노력이 필요하며 단련이 이어져야 하고 반복적인 체화과정 또한 필요하다. 이것은 하루아침에 이뤄지는 것이 아니기 때문에 꾸준히 연마해야 하는 것이기도 하다. 비록 시간이 걸리더라도 지속적인 활동을 통해 읽는 힘을 키우고 안목도 넓혀가야 한다. 그러므로 어려운 일이기도 하거니와 인내심을 요하는 일이기도 하다.

문제는 우리를 둘러싼 세상이 그리 간단치 않다는 것에 있다. 책을 읽지 않아도(제대로 된 책 읽기를 하지 않아도) 세상을 사는데 하등 지장을 받을 일은 없다. 이미 공고한 자신들의 체계를 구축한 자들이 만들어놓은 프레임에 그대로 맞추어 살면, 책 따위는 사실 거추장스러운 것일 뿐이다.

내가 주체가 되어 내게 허락된 수십 년의 삶을 똑바로 바라보고, 살고 함께 나누고, 그 속에서 행복을 찾는 다소 비정상(?)적인 삶을 살아가겠다는 마음을 품은 후에야 우리의 책 읽기가 시작된다. 따뜻한 난방에 안주하지 않겠다는 결심이 있은 후에야 책 읽기는 시작되는 것이다. 그러므로 책 읽기는 내가 사는 세상이 일직선만 있는 것이 아니라 둥글고 휘어진 여러 갈래 길로 되어 있음을 깨닫고, 구르고 뛰며 살아가는 일에서 행복하다고 느끼는 사람에게 필요한 것이다. 또한 주류사회가 만든 세계에 더 이상 맞춰 살지 않겠다는 선언이기도 하다.

책이 다 같은 책이 아니고 책 읽기는 모두 같은 읽기가 아니다. 다소 힘들어도 조금씩 제대로 읽다 보면 바로 잡게 되는 날이 온다. 지금 필요한 것은 책을 읽어가는 노력에 도전하겠다는 의지의 출발이다. 누구나 바뀌고 돌아선다. 중요한 것은 다시 돌이키고 결국 멀리 보면 같은 선 안에서 멀리 벗어나지 않는 것이다. 자신의 삶에 후회하지 않는 마음을 건져내는 것이 우리가 진행하는 책 읽기의 목표가 될 것이다. 그 책이 전자책이든 종이책이든 말이다.

책의 충실한 동반자였던 종이의 운명은 어떻게 될까. 과거 책은 나무 소비의 주범이었지만 현재는 아니다. 종이책의 점진적인 소멸은 종이 소비를 줄이고 벌목의 감소까지 예견하게 했지만 정작 종이책의 감소는 둔화되었고, 택배와 물류의 증가로 펄프의 소비는 줄지 않았다. 나무의 수난은 여전하다.

책이 종이 낭비, 나무 소비의 주범이라는 혐의에서 벗어났다는 점이 책이 아직 우리 곁에 오래 남아야 할 이유 중에 하나가 되어주었으면 좋겠다는 우스꽝스러운 생각도 해본다. 찾는 사람이 줄고, 그마저 읽지 않는다면 책과 나무가 만나는 지점은 소멸하고 말 것이다. 책 없는 세상은 나무 없는 세상과도 같다. 나무에게서 평안함을 얻고, 새로운 깨달음을 얻고, 내 생활의 일부분을 얻듯 책에게서도 그것을 얻는다.

손가락을 끼어 맞잡다

사개짜임으로 상자를

"서점도 아닌데 무슨 거치대가 필요해?"

가까운 곳에서 두고 쓰는 책을 위한 거치대를 만들어주겠다고 했을 때 딸에게서 돌아온 대답이다. 책장으로 들어가 버리면 손이 쉽게 가지 않고, 잘 찾지도 못해 방 구석구석 널려 있는 책들이 못마땅했다. 최근에 산 책, 자주 두고 보는 책들을 한 곳에 모아두면 애착도 생기고 편리하겠다 싶었다. 꼭 서점에만 있어야 할 건 또 무언가. 읽은 책들을 당분간 모아둘 수 있는 정리함 기능까지 갖추면 좋을 것 같았다. 자주 보아야 애정이 간다.

거치대 겸 책 보관함이라 불리도 되겠다. 거치대는 두 부분으로 나뉜다. 책이나 다른 물품을 담아 둘 수 있는 상자 부분과 책을 올려놓는 거치대 겸 뚜껑 부분이다. 공간박스는 이전에 만들어 본 경험이 있지만 이번에는 그 구성을 나사못을 박지 않고 목재를 잇는 방식으로만 결합시키는 방법을 사용해보기로 했다. 아울러 바닥판도 나사못을 이용하지 않고 트리머를 이용, 홈을 만들어 끼우는 방식으로 연결하게 된다.

못을 사용하는 방식이 시간을 절약하고 간단한 방법이지만 짜맞춤을 이용하는 것이 목재의 변형에 보다 효율적으로 대처하고, 외관 또한 고려한 방식이다. 공간박스는 사개짜임을 이용하기 위해 네 개의 면을 재단했다. 사개짜임은 핑거 조인트finger joint 혹은 박스 조인트box joint라 불리며, 통주먹장짜임dovetail joint

의 한 종류로도 볼 수 있다. 주먹장이 갖는 쐐기 효과는 없더라도 나름 좋은 강도를 지니고 있다. 동일한 간격의 촉과 이에 대응하는 홈이 맞물리는 형태다. 보통은 촉의 폭을 부재의 두께와 동일하게 설정해서 작업한다. 마구리면이 보인다는 단점은 있지만 판매용 고급 가구를 만들 것이 아니므로 이건 접어두어도 된다. 핑거 개수의 총합을 홀수로 하면 대칭적인 짜임을 만들 수 있다. 맞물리는 각각의 핑거(촉과 홈)가 나뭇결 면끼리 접합면을 만들고, 접하는 면적이 넓어 강도도 강하다. 양쪽 끝이 모두 핑거이거나 모두 핑거 홈이 된다.

바닥 판재는 최소 신국판[1] 책 정도는 보관할 수 있는 폭을 유지하기 위한 크기로 준비했다. 뚜껑을 덮어서 닫을 수 있도록 구조를 잡기 위해 양쪽 옆의 높이는 뚜껑이 닫힐 때의 높이를 감안해 높게 설정했다.

이번 제작에 필요한 공구는 테이블쏘, 원형 샌더, 트리머 등이다. 우선 사개짜임을 위해 맞물리는 양쪽 면의 홈은 테이블쏘를 이용해 가공한다. 앞서 이야기한 것처럼 하나의 가구를

1 단행본 책의 대표적인 판형이다. A5 크기의 판형으로 신국판(153x225)과 국판(148x210mm)이 있고 잡지 등을 만들 때 주로 사용하는 국배판(A4), 일반적인 만화책 크기인 사륙판, 참고서 등을 만들 때 주로 이용하는 사륙배판 등의 판형이 있다. 모든 규격 용지는 두루마리 형태의 원지를 전지 크기로 자르고 그것을 다시 배수로 재단해 만든다. 한국공업규격에서는 A전지와 B전지를 표준으로 삼고 있다. 우리에게 익숙한 A3, A4, B4, B5 등의 용지는 A계열과 B계열의 전지를 '알파벳 뒤에 있는 숫자-1'만큼 재단한 크기이다.

만들기 위한 방법은 목수의 수만큼 다양하다. 결합 방법을 위한 목재의 가공도 자신이 갖추고 있는 공구의 종류에 따라 다양하게 이뤄진다. 배운 방법대로 가공하는 것이 우선이고 차근차근 다른 방법으로 확장하게 되는 것이 일반적이다.

핑거 조인트의 홈을 내기 위해서는 테이블쏘를 이용할 수도, 직쏘나 라우터를 이용할 수도 있다. 원숙한 공력을 갖춘 목수라면 전동 공구를 이용하지 않고 수공구만으로 만들 수도 있다. 공방을 자주 찾는 전통 장인 한 분은 늘 수공구만을 이용하지만, 내가 하는 방법은 테이블쏘를 이용하는 방법이다.

테이블쏘를 이용한 가공도 현실적인 여건을 감안해야 한다. 다도날dado blade(테이블쏘 홈파기용 날)을 이용하면 좀 더 효과적인 가공이 가능하지만 가격이나 효율성 탓에 구비하지 못했다. 여러 장의 톱날을 붙여서 가공하는 사람도 있다. 그렇지 않다 하더라도 일반 테이블쏘를 이용해서도 충분히 가공할 수 있는 방법은 있다. 부재의 두께로 홈의 너비를 설정하고 이를 감안해 톱날의 두께를 감안한 보조재를 이용하면 효과적으로 홈파기가 가능하다. 물론 원리를 이해하고 적용하는 시간이 필요하다.(핑거 홈파기 방법은 유튜브 등에서 테이블쏘 핑거 조인트로 검색하면 다수의 동영상을 만날 수 있다. 테이블쏘는 직접 다뤄보지 않으면 이해하기 어렵다. 다음 페이지에 이어지는 테이블쏘 이용방법은 다양한 방법 중 하나의 예시로 참고하면 된다)

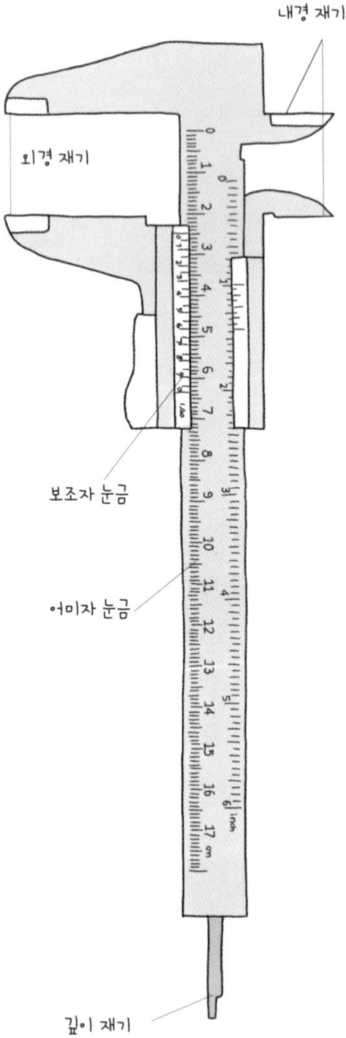

버니어 캘리퍼스vernier calipers

1631년 처음 선보인 프랑스 수학자 피에르 버니어Pierre Vernier의 이름을 딴 측정도구로 어미자main scale와 어미자 위를 이동하는 보조자vernier scale를 이용해 외경, 내경, 깊이, 길이를 재는데 사용한다. 어미자의 한 눈금은 1mm이며, 버니어의 눈금은 어미자의 19눈금을 20등분한 것이다. 읽을 수 있는 최소치수는 1/20mm (0.05mm)이다. 보조자의 '0'이 위치한 곳 앞쪽의 어미자 눈금을 읽은 다음, 어미자와 보조자의 눈금이 일치하는 지점의 보조자 눈금을 더해 측정치를 구한다.

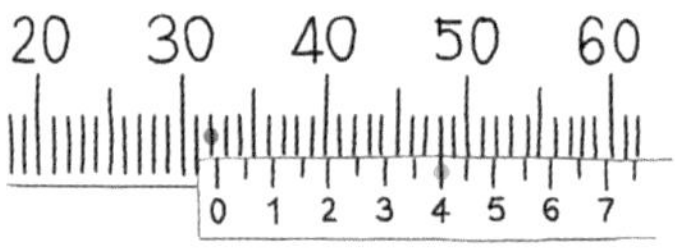

보조자 눈금 '0' 앞쪽에 위치한 어미자 눈금이 '32'(32mm).
어미자와 보조자가 일치하는 지점의 보조자 눈금이 '4'(0.4mm).
두 개를 합치면 32+4. 측정치는 32.4mm.

몇가지 부재료를 이용한 반복작업이 필요하지만 테이블쏘를 이용해서도 사개짜임을 위한 홈을 가공할 수 있다.

캘리퍼스로 톱날의 두께를 측정하고 그 두께만큼의 판재를 잘라 2등분 한다. 톱날 두께로 자른 판재 한 개는 간격 조정용(ⓐ)으로 쓰고, 한 개는 부재 고정용(ⓑ)으로 쓰기 위해 나중에 지그용 목재에 끼운다. 가공할 목재와 동일한 두께의 보조재 ①과 ②를 톱날과의 경계에 배치한다.

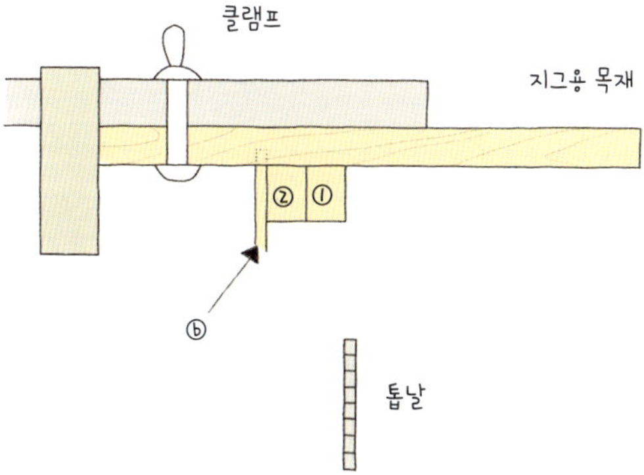

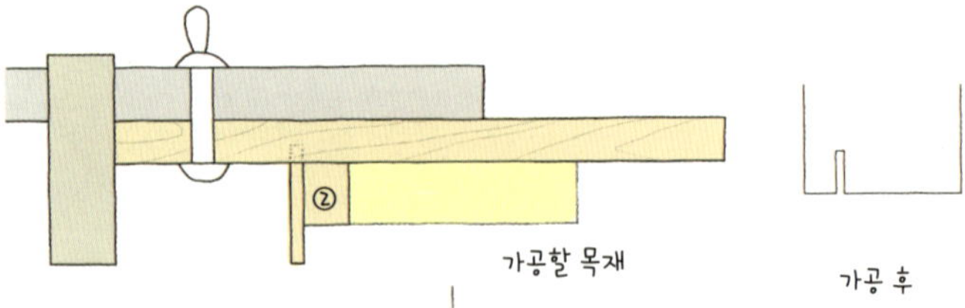

①을 빼고 가공할 목재를 옆에 세운 채 홈을 낸다.

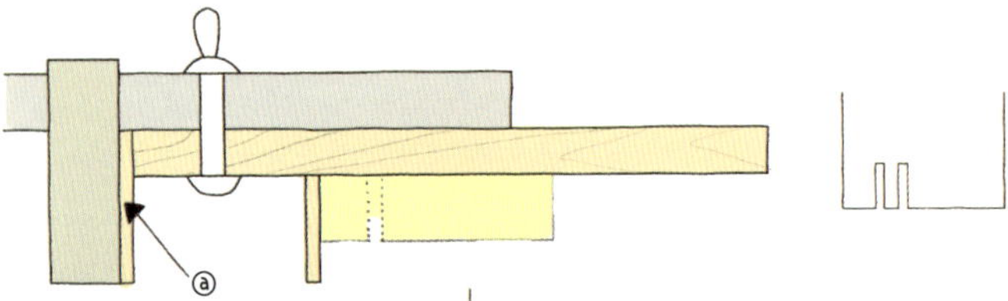

지그 끝 쪽에 ⓐ를 넣어 고정한 뒤 ②를 빼고 목재를 이동한다. 경계면이 톱날의 끝지점이 되는 것을 확인하고 밀어서 홈을 낸다.

첫 번째 홈의 가장자리 부분에 홈이 생기면 좌우로 움직여 나머지 안쪽 부분을 파낸다.

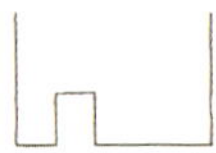

가공 후

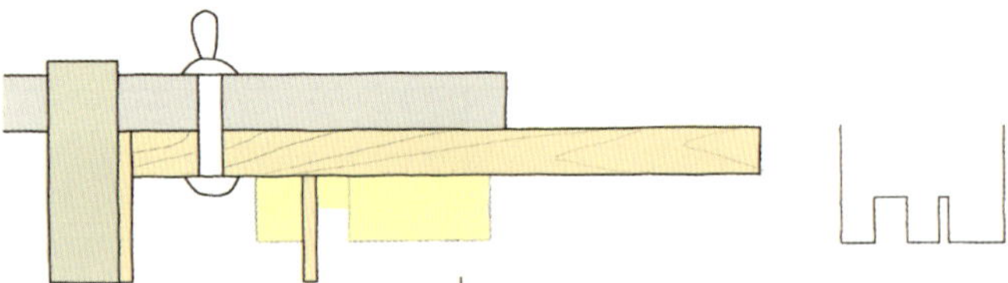

가공 후

부재를 이동시켜 첫 번째 홈을 ⓐ에 밀착시켜 다시 홈을 파내고 반복해서 작업한다.

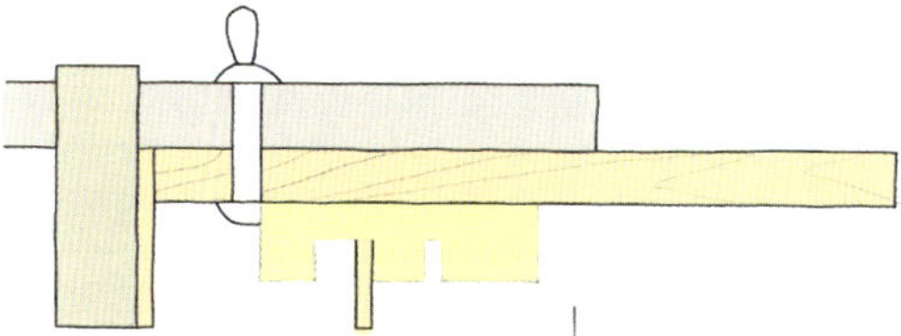

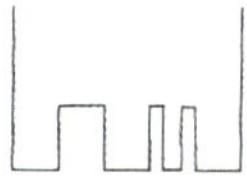

부재를 이동시켜 첫 번째 홈을 ⓐ에 밀착시켜 다시 홈을 파낸다.

가장자리 부분에 홈이 생기면 좌우로 움직여 나머지 안쪽 부분을 파낸다. 반복해서 작업한다.

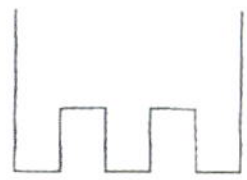

가공 후

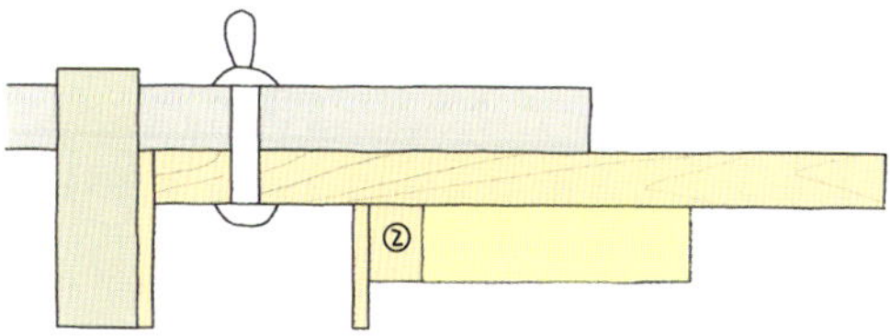

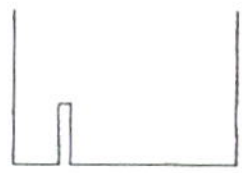

한쪽 작업이 끝나면 맞물리는 판재 작업을 한다. ②만 끼우고 이전 작업을 계속 반복하면 된다.

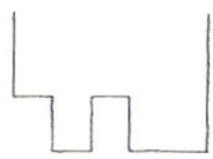

가공 후

겉으로 보기에는 뚝딱 만들어질 것 같은 모양이지만 부재 가공에는 상당한 시간이 소요된다. 하지만 하나씩 알아가는 재미, 가공한 부재가 맞아떨어질 때의 쾌감은 그 시간을 상쇄하고 남음이 있다. 홈파기는 마주하는 부재를 일일이 맞춰보며 진행해야 한다. 다소의 오차가 발생할 수도 있기 때문이다. 홈파기 작업이 끝나면 전체 작업의 절반은 끝난 셈이다.

이제 바닥판을 붙여야 한다. 옆 면의 4개 부재 안쪽 면에 홈을 파고 그 홈에 바닥판을 끼우는 방식을 취해야 한다. 홈을 파기 위해 이번에는 트리머를 이용한다. 서랍을 만들 때나 디지털기기 거치대를 만들 때 많이 사용해 보았다. 가이드guide를 장착해서 일정하게 가공한다. 트리머를 이용한 옆면과 바닥판 가공이 끝나면 세 면을 먼저 결합시키고 바닥판을 끼운 다음 나머지 면을 조립하면 된다. 상자는 모두 완성되었다.

뚜껑 겸 거치대는 'ㄴ'자로 결합하되 끝 면이 아니라 조금 안쪽으로 결합시켜서 뒤집어 뚜껑으로 덮으면 모두 덮이도록 만들었다. 최종적으로는 뚜껑 달린 네모난 상자이고, 뚜껑을 뒤집으면 거치대가 되는 구조가 되었다. 거치 부분은 작업의 속도를 위해 타카와 접착제로 결합시켰다. 원형샌더를 이용해 평면을 다듬고 사포로 마무리했다. 책을 올려두니 조금 그럴싸했다. 새로 들어온 책은 거기에 올려두고 식구들끼리 돌아가며 읽기로 했다.

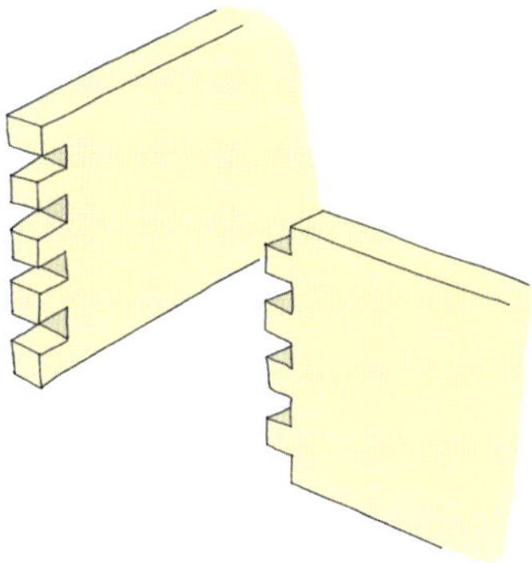

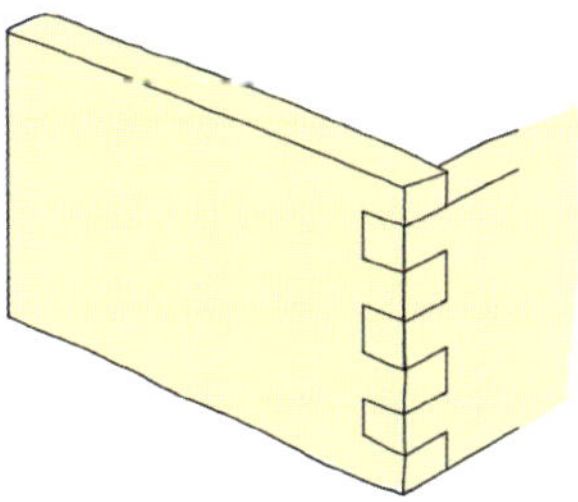

가공이 끝나면 길이가 짧은 면에 두 개의 긴 면을 결합시킨다.

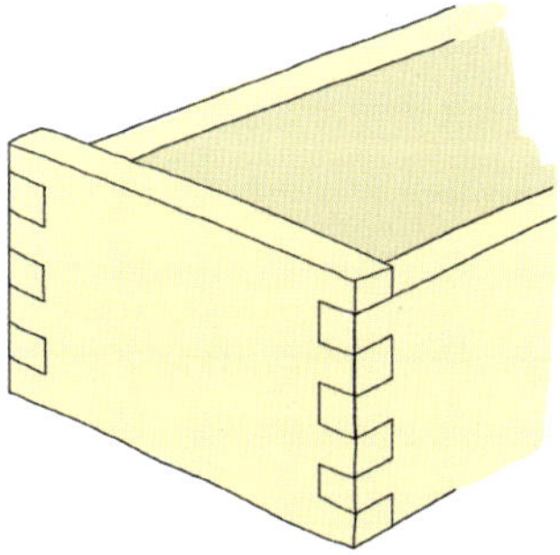

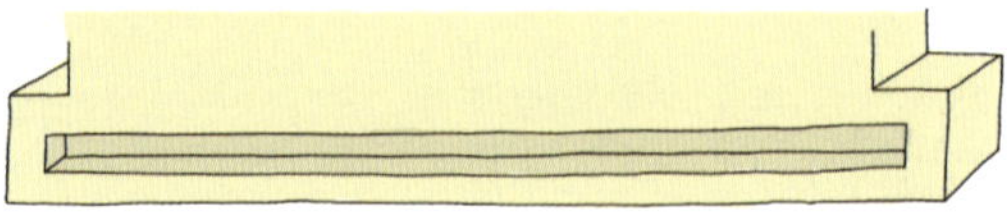

바닥판이 들어갈 자리를 감안해 트리머를 이용해 바닥판 두께만큼 홈을 파낸다.

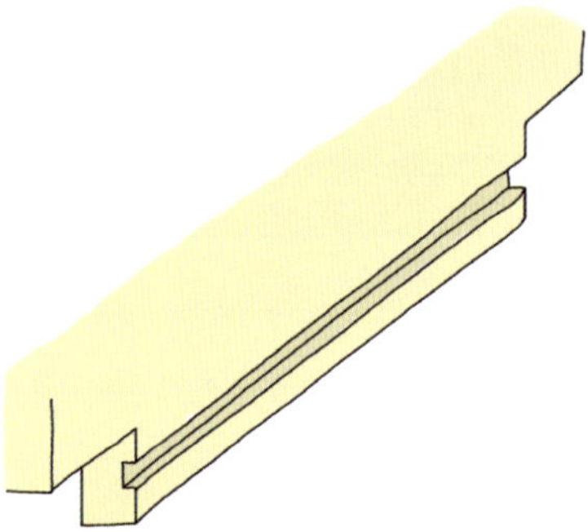

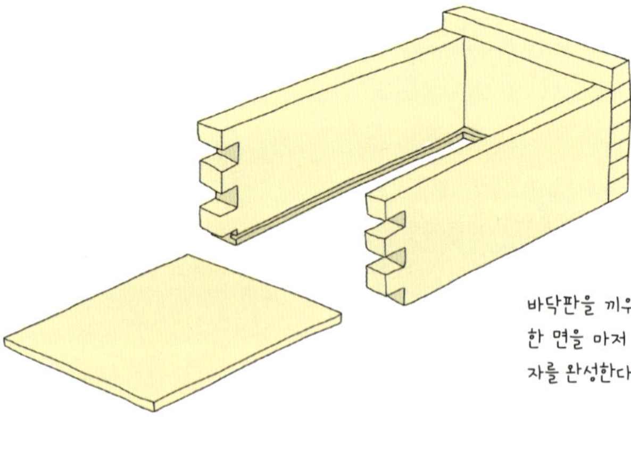

바닥판을 끼우고 나머지 한 면을 마저 결합해 상자를 완성한다.

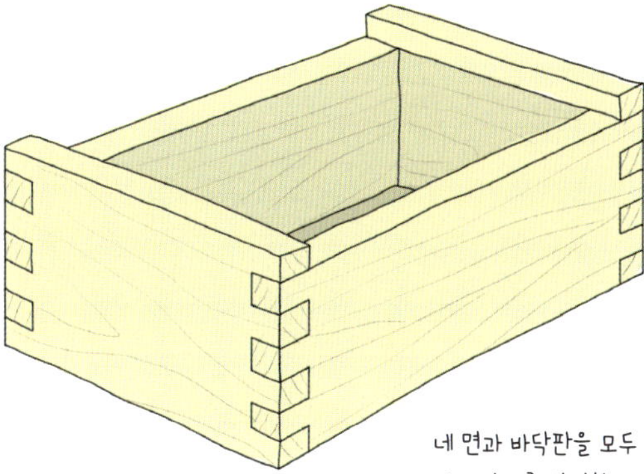

네 면과 바닥판을 모두 결합 시켜 상자를 완성한다.

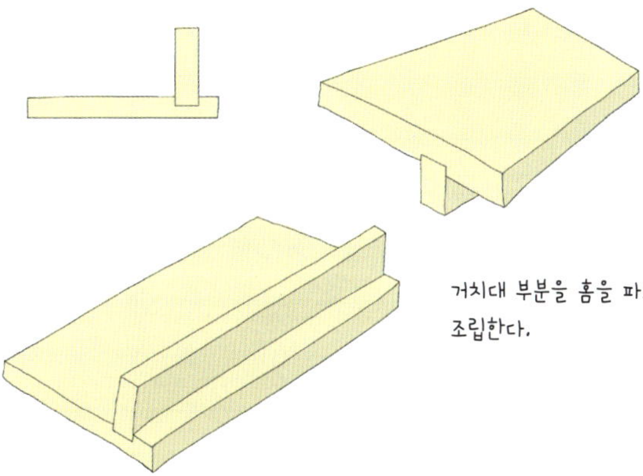

거치대 부분을 홈을 파고 조립한다.

거치대를 펼친 상태.

거치대를 뒤집어 닫은 상태.

성장과 죽음이 공존하는 나무의 시간

인간은 일정기간이 지나면 더 이상 육체적 성장을 하지 않는다. 아무리 영양소를 공급하고 좋은 음식을 먹는다고 해도 갖춰야 할 신체기관들이 완성되는 시기가 있다. 사람으로 살아갈 준비가 모두 이뤄졌다는 뜻이다. 키의 80%는 유전자에 의해 이미 결정된다고 한다. 끊임없이 먹는다고 골리앗이 되지는 않는다. 다른 기관들도 성장하는 시간보다 쇠락하는 시간이 더 길다. 그리고 비만을 우리는 성장이라 말하지 않는다.

정신적 성장은 그나마 상황이 나아서 육체의 성장이 멈춘 후에도 지식과 사고라는 힘을 통해 느리지만 꾸준히 성장을 이어나가기도 한다. 이마저도 어느 시점이 오면 더는 어려운 때가 오고, 퇴보하거나 그 사실을 인정하지 않아 사회에 해를 끼치는 경우도 있다. 어쨌거나 인간은 끝없이 성장할 수 없다.

살아 있는 나무도 상황이 그렇게 다르지는 않다. 살아있지만 죽어있는 세포가 더 많다. 나무의 표피 안쪽에는 여러 층의 세포로 구성된 내피가 있고 그 안에는 관다발이 있다. 관다발은 물과 양분의 이동 통로인 물관과 잎에서 만든 양분이 이동하는 체관, 세포 분열이 일어나 부피 생장을 가능하게 하는 형성층(부름켜)으로 구성되어 있다.

형성층은 해마다 반복하여 세포 분열을 하는데 바깥쪽으로 분열된 부분이 점차 껍질이 되고 안쪽으로 분열하는 부분이 나중에 목재로 쓰는 부분이 된다. 전체 나무 세포 중에서 나무를 지탱하거나 수분의 통로가 되는 세포가 대부분을 차지한다. 하늘 높은 줄 모르고 자라면서 넘어지지 않으려면 당연한 이치다. 재미있는 것은 이런 세포들은 분열하고 나서 몇 달 이내에 대부분 수명을 다한다는 점이다. 그래서 오래된 나무에서 실제로 살아있는 부분은 얼마 되지 않는다고 한다.[2] 양분을 저장하는 세포는 이보다 오래 살아 있다. 만약 나무속의 모든 세포들이 그대로 살아남아 있다고 하면 나무는 엄청나게 많은 일을 해야 할지도 모른다. 살아있는 모든 세포를 먹여 살려야 할 테니까. 그리고 이렇게 죽어야 우리가 목재로 쓸 수가 있다. 죽은 세포벽에는 리그닌 성분이 많아져 단단해지는데 이를 목화木化, lignification라고 부른다. 한자 그대로만 풀이하자면 나무가 되는 것. 목재로써의 가치가 생기는 것이다. 살아있는 나무는 그 이후를 준비하기 위해 죽어있는 것이다.

2 수천 년이 된 오래된 나무라고 해도 실제 살아있는 부분은 최근 수십 년 이내에 형성된 세포들이다. 예를 들어 20년생 소나무에서는 약 95%가 죽은 세포의 덩어리이고 형성층에 인접한 나머지 5%정도가 살아있는 세포들인 셈이다. 나무의 줄기가 굵어질수록 살아있는 세포의 비율은 급격히 감소하게 되며, 아름드리 오래된 나무에서 살아있는 부분은 1%도 안 되는 경우가 많다고 한다. 「수목의 세포구조와 충전처리」, 박상진 교수의 나무세상(webbuild.knu.ac.kr/~sjpark/v1/).

코로나 바이러스 사태 이후로 저성장과 마이너스 성장을 염려하는 주장이 넘쳐나고 있다. 살림살이가 팍팍해진 탓도 있겠지만 성장만이 답이라 생각하며 그러한 구조를 만들어온 이유도 클 것이다. 덜 쓰고 덜 기대하며 살아도 되겠지만, 더 많은 이익으로만 굴러가는 거대 자본과 거기에 편승한 세력들에게는 기대할 수 없는 일이다. 통제되지 않는 욕망은 성장의 필요성을 더 자주 이야기한다. 더 좋은 음식과 약, 도구와 문화라는 이름의 소비용품을 갖추지 않으면 절망적인 삶을 살아야 할 것처럼 부추기는 것은 어쩌면 그들이 만들어낸 환상일 뿐이다. "자신이 무엇을 필요로 하는지 누군가로부터 배워야 하는 사회는 개인이 만족을 추구하는 과정에서 스스로 행동하거나 결정할 수 없는 문화에서 나온다"는 이반 일리치의 분석은 너무나 적확한 표현이다.[3] 남의 필요를 답습하는 것이 아니라 나의 필요를 찾아가는 시간이 우리에게 필요하다. 자랄 것만 생각하지 않고 성장 이후를 생각하는 나무의 시간처럼 말이다.

3 이반 일리치, 『누가 나를 쓸모없게 만드는가』, 허택 옮김, 느린걸음, 2014.

결과물이냐 편리함이냐

스툴 겸 책꽂이

공방에 갈 때마다 DSLR 카메라를 들고 가고는 한다. 무언가 찍을 수 있을 거라는 믿음 때문인데 차를 운전하니 오가는 동안에는 도무지 찍을 기회가 없다. 공방 안에서도 만드는 과정을 찍을 심산으로 몇 번 렌즈를 들이대 보았지만 중간 중간 챙겨서 찍는 것이 만만치 않았다. 목재 분진이 렌즈와 본체에 좋지 않은 영향을 미치기도 해서 어떤 날은 가방 안에 그대로 있다가 돌아오기도 한다. 괜한 욕심이다. 대신 손쉽게 휴대전화를 꺼내 찍는다. 인화하거나 전시할 것도 아니니 기록성으로야 충분히 제 역할을 한다. 가끔은 음악도 틀어놓으니 스마트폰의 용도는 그야말로 만능이다.

그러다보니 덩치 큰 DSLR은 계절마다 바뀌는 공방 바깥 풍경을 찍는 용도로나 쓰였다. 가끔 목재가 새로 들어오거나 못보던 꽃이 피는 일이 생기면 제 몫을 하기는 하지만 자주 있는 일은 아니다. 이것저것 고려해야 하는 전문가용 카메라보다야 구도만 잡고 그저 셔터만 누르면 모든 것이 해결되는 스마트폰 카메라가 훨씬 낫다. 전화하고 음악도 듣고 뉴스도 확인하고 중간 중간 업무도 해결할 수 있고 사진도 찍으면서 그 정도 가격이면 가성비는 꽤 쏠쏠한 셈이다. 그 많은 도구들을 모두 사서 들고 다닌다고 생각하면 말이다.

가끔 구닥다리 앰프에 물린 CD 플레이어를 구동하거나 LP 턴테이블을 돌리고 오래된 구형 스피커로 음악을 들으면서

"이런 게 음악이지"하고 이야기하면 딸로부터 꼰대 소리를 듣는다. 그건 음악을 듣는 게 아니라 소리를 듣는 거라고 말이다. 맞기도 하고 틀리기도 한 것 같다. 듣는 음악에서 보는 음악으로 세상이 바뀌었는데 여전히 구닥다리 생각만 하고 있는 것은 아닌가 싶기도 하다. 스트리밍은 여러 가지 음악을 손쉽게 접할 수 있다는 장점이 있다. 결국 어디에 방점을 둘 것인가 하는 가치의 문제다. 스마트폰 카메라 화소수가 아무리 높아져도 렌즈의 특성이 제대로 이해되지 않으면 우리가 감탄하는 사진을 찍을 수는 없다. SNS에 올려둘 사진으로 만족할지, 더 큰 감동에 도전할지는 모두 찍는 사람의 마음이다. 옳다 그르다를 쉽게 판별하기 힘든 세상에 우리는 살고 있다는 걸 자주 딸에게서 배운다.

'스툴 겸 책꽂이'를 만들기로 한 건 말 그대로 필요성과 편리함 두 가지 모두가 필요했기 때문이었다. 시험 때만 되면 아이들의 방은 여기저기 어지럽다. 출력물과 교재가 널려있다. 집 안에서도 이곳저곳 옮겨 다니면서 공부를 한다. 머리를 식힌다며 거실에 나와 있다가 들어가면서 책을 여러 권 둔 채로 들어가기도 한다. 시험기간에만 필요한 책꽂이가 있다면 거기에 관련 내용들만 넣어두면 좋겠다고 생각했다. 책상 옆에 두고 필요하면 꺼내거나 거실에 나가서 유인물을 볼 때는 스툴처럼 그 위에 잠시 앉아 있기도 하고 말이다. 공간박스보다 조금 더 모양도 내보고 연결하는 방법도 조금 달리해야 한다.

이번 시도에서도 몇 가지 원칙을 정했다. 책꽂이의 기능과 의자의 기능을 함께 할 것, 이동을 해야 하니 쉽게 들 수 있어야 할 것. 가급적 나사못 이음은 최소화할 것 등이다. 보통 사람이 의자에 앉을 때 편안한 높이인 400㎜ 정도에 맞게 옆면으로 사용할 판재 두 장을 마련한다. 작업에 들어갈 판재는 모두 미송 집성목이다. 너무 넓지 않게 책을 꽂을 수 있는 폭으로 300㎜를 정하고 상판은 400㎜로 정하면 상판이 옆면 바깥으로 나갈 테니 그 부분으로 쉽게 들 수 있게 된다. 두 옆면(다리)을 이어주기만 하면 되는데 어떻게 연결할 것인가. 나뭇결 방향면과 마구리면이 만나는 경우 접착력이 크게 강하지 않다. 추가적인 결합강도를 높이는 것이 좋다. 나사못을 박는 것은 하지 않기로 했으니 짜임으로 하기로 결정했다. 판 한 끝에는 촉을 만들고 다른 끝에는 촉이 접합되는 구멍을 만들어서 서로 맞짜임으로 접합하면 된다.

처음에는 옆판에 나뭇결의 직각방향으로 가로 홈을 판재 두께만큼 파내고 양쪽 가로 홈 사이에 판재를 끼우는 제두께짜임housed joint을 하려고 했지만, 책이 들어있는 상태로 들고 옮겨야 하기 때문에 조금 더 하중을 견딜 수 있도록 밑판의 양쪽 끝에 촉을 만들고 옆판에는 촉이 접합되는 관통구멍을 만들어 끼우는 쌍장부짜임으로 만들기로 했다. 뒤쪽에는 세로홈을 만들어 판재를 끼우기로 했다. 고정은 밑에서 나사못을, 옆에서 실타카로 살짝 보강해주는 정도로 마무리하면 된다.

테이블쏘를 이용해 먼저 재단해도 되지만 더 헐렁해질 경우를 대비해 일단 옆판에 촉의 규모만큼 구멍을 먼저 내기로 했다. 먼저 두 장의 옆판 모두 바닥에서 적당히 띄운 위치에 사각의 관통하는 홈을 파야 한다. 맨 처음 수공구인 끌로 파내기를 시도했지만 작업량이 많고 힘도 들어 다른 방법으로 택했다. 우선 드릴를 이용해 구멍을 여러 곳 낸 다음 경계 부분 근처까지 트리머를 이용해 홈을 만들었다. 작업대에 클램프로 판재를 단단히 물린 후 트리머로 작업하면 된다. 정확하게 가이드를 만든 후 일괄적으로 작업을 해도 된다. 홈 파기가 끝나면 책을 올려둘 받침대 한쪽마다 두 개씩의 촉을 가공한다. 테이블쏘를 이용해 조금 빡빡한 정도로 잘라낸 다음 조금씩 아귀를 맞춰가면서 작업한다. 홈에 끼우기 위해 표면을 다듬을 때 사포를 이용하기도 하는데 조심하지 않으면 모서리 부분이 마모되어 끼우고 나서 틈이 발생할 수 있으므로 유의해야 한다.

상판을 결합하는 것은 자주 이용하는 방법인 목심을 이용해보기로 했다. 목심이 들어갈 자리를 양쪽 판재에 모두 뚫은 후 접착제로 목심을 양쪽 모두에 고정하는 방법이다. 스툴을 겸하기 때문에 지속적으로 아래로 누르는 힘이 들어가고 책의

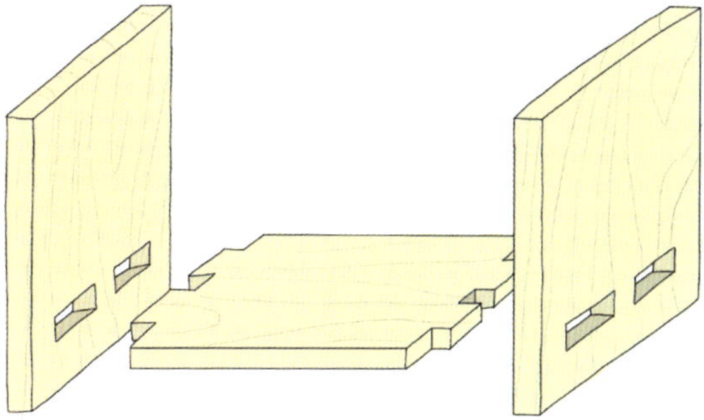

옆판과 책을 올려둘 밑판은 관통홈을 내어 맞물리게 끼우는 쌍장부짜임으로 진행한다. 트리머와 끌을 이용해 장부홈을 만들고 밴드쏘를 이용해 장부촉을 가공한다.

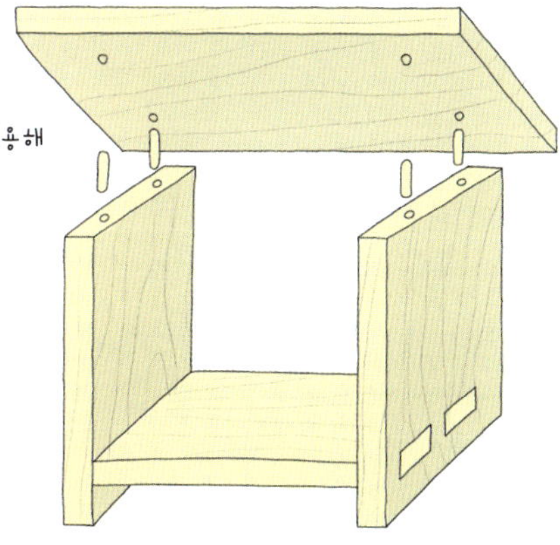

상판과 옆판은 목심을 이용해 결합한다.

옆판 뒤쪽으로 홈을 내고 뒤판을 밑판 위에 올려 결합을 진행한다. 실타카로 가볍게 추가 결합을 해주어도 된다.

하중을 크게 받지 않는다면 잠깐 동안의 이동에는 큰 문제가 없기 때문이다. 외관의 모습도 고려했다. 이번 목심은 외부에서 보이지 않기 때문에 시중에 판매되는 6㎜직경의 기성품을 이용했다. 옆판의 마구리면에 우선 홈을 파 목심을 넣고 그 다음에 상판을 얹는다.

튀어나오는 목심의 길이가 상판의 두께에 적절하게 들어갈 수 있도록 길이를 고려한 다음 드릴을 이용해 홈을 파야한다. 마스킹 테이프로 동일하게 깊이를 유지하는 것이 중요하다. 위치도 정확하지 않으면 아래 접합 부분과 직각이 되지 않게 되어 틈이 벌어지거나 접합 부위가 느슨하게 될 우려가 있으므로 처음 치수를 표시할 때 정확성을 기해야 한다.

여기까지 완료되면 책꽂이가 될 뒤판을 끼워야 한다. 완전히 뒤쪽을 모두 막는 것이 아니기 때문에 아래쪽 결합 부위는 나사못으로 체결한다. 아래쪽에서 위로 나사못을 체결하면 눈에 띄지 않는다. 옆판과의 연결 부위는 세로홈을 판 다음 접착제를 발라 끼워 넣는다. 결합강도를 높이기 위해 눈에 잘 띄지 않는 실타카를 이용해 뒤쪽에서 몇 곳을 박아준다. 이제 사포와 칠로 마무리 하면 된다.

나무를 생각하는 마음, 목재를 대하는 자세

한 목수가 쓴 글을 보았다. 공방 창업을 하러 오는 사람들의 난감한 질문들과 목수에 대한 생각들에 대한 단상이 담긴 그 글에는, 목수가 기술로만 밥 먹고 사는 것이 아니어서 기술자는 아니라는 주장과 여러 감각을 갖춰야 살 수 있는 목수라는 직업의 현실이 담겨 있었다.

기술 없이는 곤란하고 숙련된 기술을 쉽게 대체할 기구가 있는 것이 아니니 목수가 기술자인 것은 맞다. 기술에 더해 상품을 만들어서 팔아야 한다는 점이 배관공이나 수리공과 다른 지점이기도 하다. 기술도 없이 먹고 살 수 있는 목수는 없을 테니까. 그 글에는 사람들이 살아 있는 나무와 목재를 구분하지 못한다는 한탄도 들어있었다. 살아있는 나무는 의인화가 가능해서 의미를 찾을 수 있지만 목재는 그럴 것이 없다는 주장이다. 나는 생각이 조금 다르다.

인간의 입장에서만 보면 살아 있는 나무가 의미를 갖는 것은 쓰임이 있을 때여야 가능하다. 나무 입장에서는 그저 피고 자라는 것이지, 산에 자라는 무슨 쓰임이 있을까 모르겠다. 제 스스로 목적을 갖고 태어나 사는 생물은 없다. 인간도 제 딴에는 목적이 있는 것처럼 보여도 짧은 인생 동안 제 스스로 굳이 찾아낸 목표가 있을 뿐이다. 광합성으로 이산화탄소를 품고 사는 쓰임도 있고, 종이를 만들거나 목재로 쓰이게 될 나무도 있다. 약재나 기호음식으로 열매를 내어놓거나 다른 생물에게 살아갈 방도를 제공해주는 나무도 있다. 그 땅덩어리에 어울리지 않으면 베어지는 나무들도 숱하다. 나무라고 제 태어난 대로만 살다 죽는 경우는 많지 않다.

목재도 그 종류마다 쓰임이 있고, 비록 한정적이지만 다양한 얼굴을 만날 수 있다. 목재라서 의미를 생각할 여지가 없는 것이 아니라 상상력과 마음이 품는 깊이 차이일 뿐이다. 목재도 살아있는 나무와 별반 다를 것이 없다. 살면서 많은 사람을 만나는 것 같지만 따져보면 꼭 그렇지도 않다. 파란만장하게 사는 사람들이야 여러 유형의 사람, 여러 위치의 사람과 부대끼며 살아가겠지만 대부분은 비슷한 처지에, 비슷한 성격에, 크게 다르지 않은 외모를 지닌 사람들과 어울려 살아간다. 나와 참 많이 다른 이와 어울리며 사는 사람이 몇이나 될까.

목재로 다루는 나무도 이건 이렇고 저건 저렇고 머리로야 알지만, 내가 직접 다듬고 켜고 이어보고, 무언가를 만들어서도 한참을 지켜보고 나서야 그 나무의 섬세함을 알 수 있다. 거기다 같은 나무라도 늘 같지는 않다. 나는 사장님이 느티나무라고 하는 것을 볼 때마다 이건 무슨 나무냐고 묻는다. 내가 보기에는 다 달라 보이기 때문이다. 여러 종류 물고기를 회로 먹기 위해 썰어놓고 나면 어부도 잘 모르는 경우가 숱하다. 같은 사람이라고 퉁치고 얘기해서는 곤란한 것처럼 말이다.

살아 있는 나무든, 물건으로 만들어지는 목재든 다 의미 없고 사연 없는 것은 없다. 그렇게 느끼지 못하는 사람만 있다. 나무가 사는 사연이나 사람이 사는 사연이나 비슷하다. 내 생각은 그렇다.

온라인 쇼핑몰에 납품할 소품을 만들기 위한 재료들이 공방에 들어왔다. 회원들이 이용할 판재들도 빈 공간을 채운다. 저 나무들은 어느 곳에서 베어지고 가공되어 또 다른 삶을 살아갈까. 야생의 모습으로 살던 나무들이 때 빼고 광낸 제재목으로 순서를 기다린다. 새 물건이 사람들에게 전해질 것이고 목재들은 새 이름을 갖고 사람들의 배경에서 살아갈 것이다.

가끔 공방 사장님을 따라 트럭을 몰고 나무를 실어오는 작업을 거들러 갈 때가 있다. 베어 놓은 나무를 가지러 가는 경우도, 제재소에서 켜놓은 나무를 실어오기도, 문 닫는 공방에서 쓰다 만 재료를 실어오는 경우도 있다. 그래서 쓰다만 나무들도 많다. 각재든 판재든 쓸 만한 것들을 사장님의 신호에 따라 부수고 떼어 트럭에 싣고 돌아온다. 누군가의 애증이 녹아있는 나무들은 주인의 모습을 보는 것 같아 마음이 썩 좋지는 않다.

나무는 잘려나가 삶을 다했다 여겨지는 순간에 다시 새로움을 얻는다. 목재가 되어 물건으로 완성되면 다시 버티면서 산다. 고재古材는 그렇게 한참을 버티면서 살아온 나무다. 어디엔가 사용되었다 해체하는 과정에서 나오는 목재다. 이미 생활 속에서 자연 건조돼 뒤틀림이 적다. 오래 세월의 풍파 속에 노출되어 있던 것들도 다듬는 작업을 통하면 다른 나무로 탄생한다. 두껍게 만든 도마도 제 삶에 충실하다 휘고 뒤틀리면 대패로 깎아내 새 얼굴을 얻는다. 무늬가 좋은 새것의 기준은 이 시점에서 모호해진다. 해 아래 새것은 없다. 새로움만 있을 뿐이다. 익숙함과 새로움은 전혀 다른 별개의 것이 아니다. 그 이유는 이미 살아있는 동안에도 멈추어야 할 것들을 간직하고 있기 때문이다. 살면서 죽음을 껴안고 사는 삶. 그 덕분에 늘 새로운 삶을 꿈꿀 수 있는 셈이다. 새롭다는 것과 새것은 다르다. 굳이 새것일 이유는 없다. 새로우면 된다.

고택의 삶을 함께 누렸던 참죽나무 고재 일부를 사장님이 던져주었다. 전부는 자신 없고 켜낸 나무 한 개를 내 몫으로 챙겨두었다. 대패로 평을 잡고 새로운 무엇인가로 만들어볼 생각이다. 기술도 일천하고 창의력은 더 밑바닥이지만 새로운 무엇인가로 만들어 보겠다고 꿈꾸기 시작한다. 꿈꾸는 그 순간부터 새로움은 시작되는 것이다. 나무의 세상은 새것, 헌것이 따로 없는, 어느 지점에서도 새로움이 가능한 신기한 세상이다. 산 나무는 산 나무대로, 죽은 나무는 죽은 나무대로 이해하고 대화하며 살고 싶다.

7장

기록된다는 것에 관하여

작고 느린 것들을 위한 변명,
공방이 필요한 이유

공방과 공장의 차이는 무엇일까. 여러 차이가 있겠지만 똑같은 상품을 반복해서 만들어내느냐 아니냐도 그 구별법 중에 하나일 것이라 생각한다. 여러 개를 만들면 아예 틀을 만들어놓고 작업하면 되겠지만 어쩌다 하나씩 만드는 것을 위해 틀을 만드는 수고를 하기는 쉽지 않다. 공방이라고 한 개씩만 만들어 파는 것은 아니다. 마음에 드는 것은 몇 개씩 주문하는 사람들도 있다. 그렇다고 대량생산이라 부르기는 힘들다. 공방에 주문 들어오는 형태는 여러 가지다. 지나가던 사람이 침대나 탁자를 만들어달라고 하는 경우도 있고 만들어 놓은 물건을 사가기도 한다. 이런 방식은 수입이 들쭉날쭉하다보니 그때그때 허락되는 주문을 받아야 한다.

해가 바뀔 무렵이면 캘린더 받침대와 같은 주문이 꽤 들어오고는 했다. 인터넷에서 물건을 판매하는 사람이 대량으로 물건을 주문하는 것이다. 이럴 때는 공방이 공장이 된다. 몇 천 원 단가에 수 십, 수백 개를 만든다. 단순 반복 작업을 며칠이나 해야 한다. 그리고 마감도 빠듯하다. 공방 일이 시간에 다소 여유도 있고 새로운 것을 만드는 재미도 있다면, 공장 일은 반복 작업에 지루하고 스트레스도 받는다. 먹고 사는 문제를 해결하지 못하는 상황이면 부분적으로라도 얼마간은 공방을 공장처럼 운영할 수밖에 없다. 장인으로 이름이 알려지기 전에는 이 딜레마를 완전히 해결하는 사람은 잘 없다.

코로나 이후 스스로 필요한 것을 해결해나가는 움직임이 많아지고 있음을 보게 된다. 텃밭을 가꾸고 필요한 물건을 만들어 쓴다거나 소비해야 할 양을 줄이거나 하는 등의 일 말이다. 모든 것을 다국적 기업과 남의 손에 내 맡기고 카드에 의존해 살아가는 삶이 더 이상 안전판이 아니라는 사실을 코로나는 일깨워 주었다. 그러고 보면 소비만 성장했지 우리 삶의 체력은 오히려 영양부족 상태였는지도 모르겠다. 우리에게 지금 필요한 것은 성장보다 균형 있는 건강이 아닐까 싶다.

가끔 소규모 공방이 많아지면 주변의 삶이 조금 달라지지 않을까 생각을 한다. 물건 값으로만 따지면 공장에서 대량으로 생산한 물건들을 파는 '1000원 숍' 같은 데와 경쟁할 곳은 없다. 그곳에서 이것저것 사다 쓰는 일에 익숙해지면 그만큼 모든 것이 쉽게 버려지고 그것이 생산된 이유와 방법에 대한 기억은 잊는다. 낭비하는 삶을 살게 될 가능성이 생긴다. 작은 공방은 물건을 만들어 판매하는 곳이기도 하지만, 기술을 익혀 자신이 직접 필요한 물건을 만드는 기쁨을 주는 곳이기도 하다. 공장과의 차이점일 수 있고, 그것이 내가 시간 날 때마다 나무공방을 찾아 작든 크든 집안에 필요한 물건을 직접 만들어보는 이유이기도 하다.

디자이너이자 건축가, 사상가이기도 했던 윌리엄 모리스는 “가치 있는 일은 휴식하는 기쁨에 대한 희망, 만든 물건을 사용하는 기쁨에 대한 희망, 매일매일 창조적인 솜씨를 발휘하는 기쁨에 대한 희망을 가져 온다”며 “늘 하는 일이 기꺼이 하고 싶어 하는 일이어야 한다”고 주장한 바 있다.[1] 공방은 미흡하지만 ‘기쁨’이 있는 일에 대한 희망을 던져주는 아주 작은 공간이 될 수 있다고 생각한다.

작은 책꽂이 하나 만드는 작업을 통해 얻는 것은 많다. 내가 사용하는 나무가 어디에서 온 것인지, 자르고 잇고 연결하는 수많은 방법 중 무엇을 택할지, 해로운 화약물질을 멀리하는 방식이 환경에 어떤 이로움을 가져올 수 있을지, 욕망하지 않고 필요한 것을 채우는 시간이 어떻게 인간의 영혼을 맑게 하는지와 같은 것들이다. 가구가 허영을 위한 것이 아니라 인간의 필요에 따라 나무와 공생하는 과정임을 알려주는 ‘공장’은 없다. 공장처럼 운영되는 공방도 더러 있겠지만, 그럼에도 다양한 공방이 많아지고 그곳을 찾는 사람이 많아진다면 욕망의 온도가 1℃쯤 낮아지고, 지구는 10년쯤 더 오래 건강할지도 모를 일이다. 물론 공방의 물건이 적당히 팔려나가고 자주 찾아오는 이들도 있

1 William Morris, 「Useful Work versus Useless Toil」, The William Morris Internet Archive(https://www.marxists.org/archive/morris/works/1884/useful.htm).

어 공방이 문을 닫지 않아야 하겠지만 말이다.

더위는 일찌감치 물러가고 부쩍 해가 짧아진 휴일, 자리를 비운 공방 사장님을 대신해 반나절 가게를 보며 보냈다. 만들다만 짜맞춤 상자의 표면을 다듬고 있는데 사람들이 "이렇게 한가롭게 공방이나 운영하며 살았으면 좋겠다"는 말들을 하며 지나간다. 공방은 생활을 해결하며 자신의 취향을 드러내는 곳이지, 여유롭게 시간을 보내는 곳은 아니다. 적게 욕망하며 다른 방식으로 살아보려는 사람의 공간이다. 혹여 돈이 많아 이런 공간을 꾸며놓은 사람들도 있을 수 있겠지만, 그런 사람이라면 이런 삶을 결국 지겨워하게 될 이유는 수도 없이 많다.

목수의 고된 노동과 아이디어, 기술, 그리고 목재의 아름다움은 고려하지 않고, 돈의 수량으로만 사물을 판단하며 손사래를 치는 사람이 오늘도 몇 명 스쳐갔다. 아직은 공장이 더 가깝고, 손과 발이 느끼는 질감보다 혀 안의 감촉이 더 즐거운 사람들에게도 언젠가 공방이 필요한 시절은 올 것이다. 소비하는 즐거움보다 만드는 기쁨이 있는 저녁, 다양해서 매일 서로 다른 이야기를 들어볼 수 있는 시간 말이다.

흑심을 품거나 백지가 되거나…

남긴다는 것

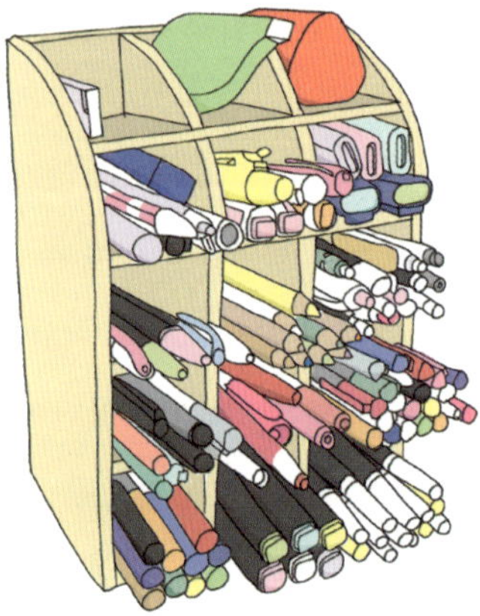

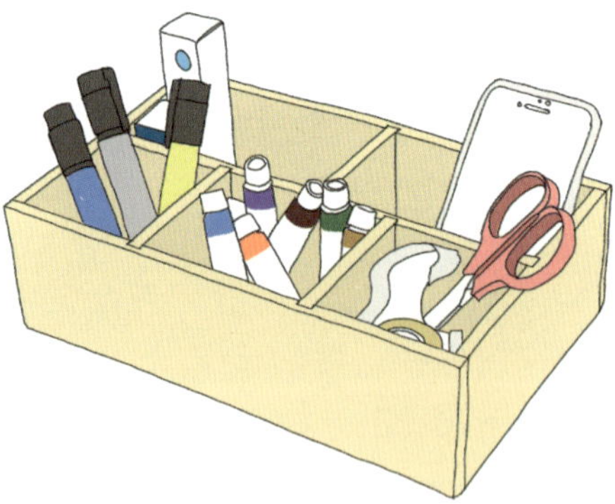

연필로 무언가를 적고 있는데 큰 녀석이 쳐다보며 웃었다. 왜 웃느냐고 물으면 그냥 좋아서라고 답한다. 그런 기분을 나도 오래전 느꼈다. 아이들이 초등학교를 다니는 동안은 굳이 연필을 쓰도록 했다. 아이들은 편리한 샤프펜슬을 더 좋아했지만, 집에 있는 동안은 연필로 글을 적도록 했다. 품질이 좋은 연필이라면 흑연이 종이에 닿아 밀려가는 느낌을 느낄 수 있다. 적절한 길이로 깎인 연필을 쓰려면 손가락을 곧추 세워야 해 손의 힘을 키워주고 필체를 바르게 해주는 역할도 한다.

문서에 서명을 할 때와 같은 경우가 아니면 대부분 연필을 사용한다. 밑그림을 그리거나 책에 밑줄을 그을 때 연필은 꽤 유용하다. B계통의 연필을 눌러쓰면 질감을 잘 느낄 수 있다. 종이의 질감을 느낄 줄 아는 사람은 세상에서 만나는 여러 사람과 물건과의 교감에도 더 잘 다가설 수 있지 않을까 하는 작은 바람을 아직도 지니고 있다.

연필은 잉크를 들고 다니며 묻혀 쓸 필요가 없다는 점, 가볍고 휴대하기 간편하다는 점, 기록한 내용을 지울 수 있다는 점에서 사랑받았고 혁신적인 물건이었다. 500년 전 영국의 시골 광산에서 흑연이라는 물질이 처음 발견됨으로써 필기구로 출발이 가능했고, 콩테conté라는 공학자의 배합 기술로 발전을 이뤘다. 하지만 나무로 만든 자루에 넣을 생각을 하지 못했다면 연필이 그렇게 대중적인 사랑을 받지 못했을 것이다. 연필에 들어가는 나무는 연필향나무*Juniperus virginiana*를 비롯해 몇몇 삼나무 종류가 이용되어 왔다.

잘려나가며 그 임무를 수행한다는 것, 바로 연필의 희한한 특성이다. 쉽게 잘려나가면서도 심을 보호하고 손을 지지하는 역할까지 나무는 감당해야 했다. 자연히 제조 공정에 소목장들의 기술이 들어가지 않을 수 없었을 것이다. 가구를 만들고 작은 물건을 다듬던 소목장들과 연필의 인연은 어쩌면 필연적이었는지도 모른다. 우리가 익히 알고 있는 유명한 독일산 연필들을 만든 사람들도 그런 나무 장인들이었고, 미국에서 펼쳐진 연필의 전성기도 가구 장인에게서 기술을 배웠던 사람들이 협업한 결과물이었다.[2]

회사를 다닐 때도 그랬지만 교정을 보는 일을 하면서 가장 많이 소비하게 되는 것이 복사용지다. 사무실이든 가정이든 가장 흔한 A4용지 몇 권쯤은 늘 상비해두고 쓴다. 세상은 어쩌면 A4용지에 맞춰 돌아가는게 아닐까 생각하기도 한다.

복사용지에는 한 가지 숨은 사실이 있다. 숫자가 올라갈수록 종이크기가 절반으로 준다는 사실 이외에, 복사용지는 반으

2 흑연심을 나무가 둘러싼 연필의 형태를 분명하게 갖춘 시기는 17세기 말이 되어서였다. 흑연조각을 삼나무 자루 속에 아교로 붙여 고정시키고 칼로 나무를 깎아 씀으로써 정교한 선을 그을 수 있었고 이는 어느 소목장이 낸 아이디어였다고 한다. 헨리 페트로스키, 『연필』, 서해문집, 2020.

로 접어도 가로 세로 비율이 달라지지 않는다는 점이다. 조건을 충족시키는 반쯤 마술적인 비율은 1:√2(대략 1:1.414)다. 이 비율로 만든 종이 한 장을 절반으로 자르면 원래 종이와 똑같은 비율의 종이 두 장이 생긴다. A시리즈에서 가장 큰 종이인 A0는 가로 세로를 곱하면 표면적이 1㎡가 되도록 만들어져 있다. 수학 퍼즐로 먼저 만들어졌지만, 이 원리가 용지에 적용된 것은 종이 낭비를 막기 위한 것이었다. 그럼에도 가장 낭비가 많이 되고 있는 것이 복사용지가 아닐까 싶다. 종이 낭비는 곧 나무 낭비다.

종이와 가구가 갖는 궁극적인 재료의 근원은 한 곳이다. 바로 나무다. 종이는 가공된 펄프를 재료로, 가구는 제재를 끝낸 목재 자체를 재료로 삼는다는 점이 다를 뿐이다. 펄프는 목재(유칼립투스, 포플러, 자작나무, 소나무, 전나무, 낙엽송 등 목재로 제조한 펄프) 또는 비목재(짚, 대나무, 사탕수수대, 갈대 등 식물섬유로 제조한 펄프)의 섬유 원료로부터 기계적, 화학적 방법을 통해 얻는다. 종이 1톤을 만드는 데 30년생 원목 17그루가 필요하다고 한다.

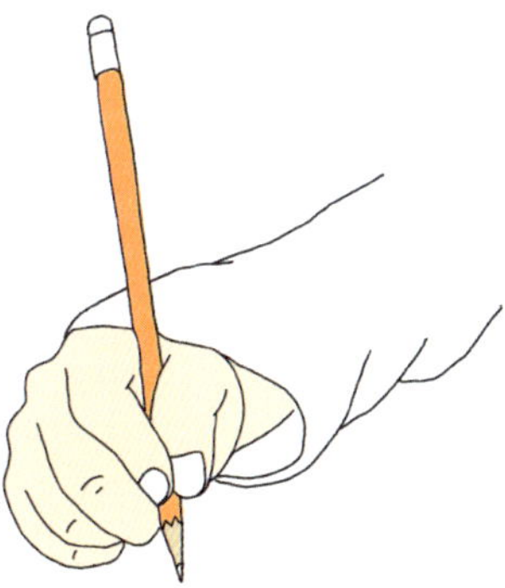

나무 한 그루로는 약 59kg의 종이를 만들 수 있으니 A4용지 네 박스(58kg) 분량이 자본주의 세계에서 나무 한 그루의 가치가 되는 셈이다. 종이 사용으로 인한 나무 소모를 최대한 줄이는 방법은 재생용지를 사용하는 것이다.[3] 물론 재생용지 제작에도 환경오염 물질이 발생한다. 나무를 조금 덜 베어내는 재생지를 사용하는 것이 일반 종이를 사용하는 것보다 조금은 환경에 낫다는 것이다.[4]

인간은 언어를 발전시키고 문자를 개발하는 방식으로 진화의 방향을 잡았다. 이를 통해 소통을 강화하고 지식을 전달하며 문명을 만들어냈다. 디지털이 개발된 이후 연필과 종이는 기록의 중요한 역할은 내어주었지만, 다른 형태로 스스로의 멸종을 앞으로도 열심히 막아낼 것이다.

함께 대형서점에 가면 딸은 문구 쪽에 더 오랜 시간을 머문다. 그래서인지 유난히 아이의 책상에는 펜이 많다. 형형색색의

3 신문지 1톤을 재활용하면 온실가스가 1.6kg 배출되고, 처녀지를 매립하면 온실가스가 3.7kg 배출된다. 재활용 종이 1톤을 만들기 위해서는 폐지가 1.1톤이 필요하다. 하지만 처녀지 1톤을 만들려면 나무 3톤이 필요하다. 종이를 잘 다루기만 하면 아홉 번도 재활용할 수 있다. 가장 보수적인 산업 보고서조차 종이를 다섯 번까지 재활용할 수 있다고 말한다. 맨디 하기스, 『종이로 사라지는 숲이야기』, 탁광일·이경아·정은영 옮김, 상상의숲, 2009.

4 모든 것은 대안일 뿐이다. MDF를 원목으로 대체하는 것이 친환경인가는 명확하지 않다. 종이의 문제도 마찬가지 딜레마를 안고 있다. 이 문제에 대해서는 기사(http://www.greenpostkorea.co.kr/news/articleView.html?idxno=93809)를 참조하면 좋겠다.

펜들이 넘쳐난다. 형광펜, 연필, 유성펜, 수성펜들 모두 색깔별로 구비되어 있다. 샤프에 볼펜, 미술용품까지 내가 평생 써보지 못한 문구류들이 즐비하다. 이렇게 많은 것들이 필요한가 싶다가도 나도 한 번 써보고 싶다는 생각이 들기도 한다. 장비가 많은 곳은 정리함이 필요한 법. 이번에는 넘쳐나는 문구류를 담아둘 함을 몇 개 만들어보기로 했다.

이전에 만들었던 상자가 그냥 무작정 담기 위한 것이었다면, 이제는 아주 작은 물건들부터 큰 물건들까지 구별해서 넣을 수 있는 문구 정리함이 필요하다. 펜과 지우개, 집게 등 구분이 가능하고 가볍게 만들어야 한다.

아무래도 가벼우려면 작아야 한다. 두께까지도. 그렇다고 플라스틱처럼 무작정 얇을 수만은 없다는 것은 나무의 한계이기도 하다. 두께가 8~9㎜ 정도는 나와야 한다. 남아 있는 느티나무를 최대한 활용해보기로 했다. 자동 대패를 이용해 두께를 모두 동일하게 맞추고나니 8㎜ 정도가 되었다. 두께가 맞춰진 판재를 밑판, 옆판 긴 쪽 두 장, 짧은 쪽 두 장, 가로 구분판 1장, 세로 분할판 3장으로 나눠 재단한다. 옆판에는 홈을 내어 가로 세로 구분판을 끼우는 방식으로 조립하게 된다. 분할판이 들어가 맞닿을 곳은 해당하는 위치를 잘 표시하고 테이블쏘를 이용해 2㎜ 정도 홈을 파주었다. 자투리 목재를 이용해 조절해가며 정확한 치수만큼 홈을 파내도록 해야 한다.

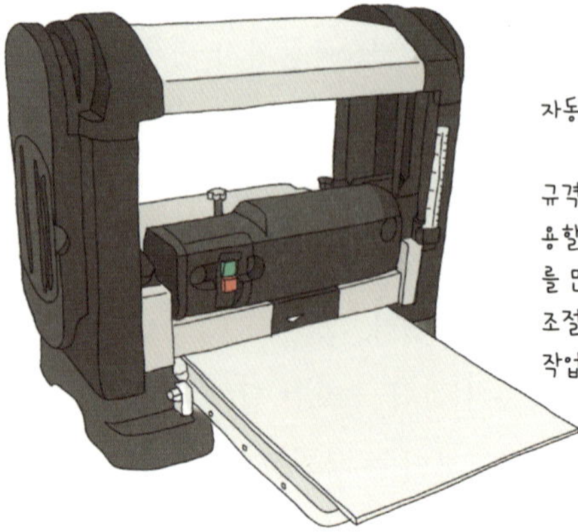

자동대패

규격판재가 아니라 다듬어 사용할 경우 동일한 두께의 부재를 만들기 위한 기계. 사이즈를 조절하고 부재를 밀어넣고 빼는 작업을 반복한다.

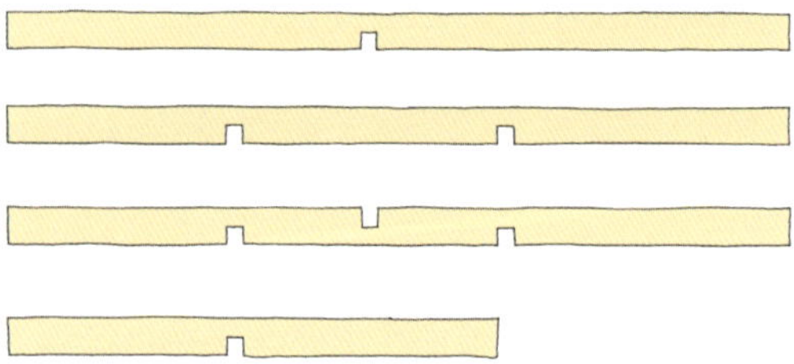

위에서 본 옆판과 가로 구분판의 홈. 홈 사이로 세로 구분판의 탈착이 가능하게 만든다. 홈은 테이블쏘를 이용해 가공한다.

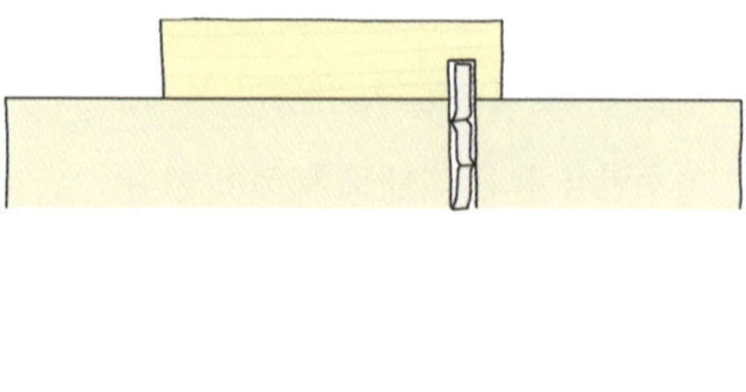

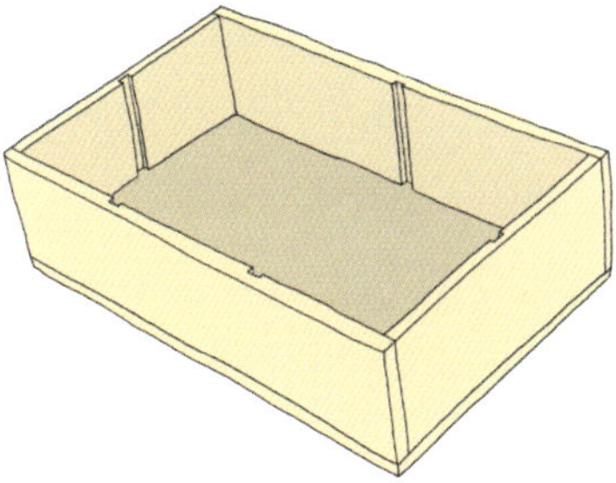

공간박스를 조립하는 방식으로 얇은 판재의 두께를 감안해 실타카로 결합한다. 이후에 구분판을 홈에 맞춰 끼운다.

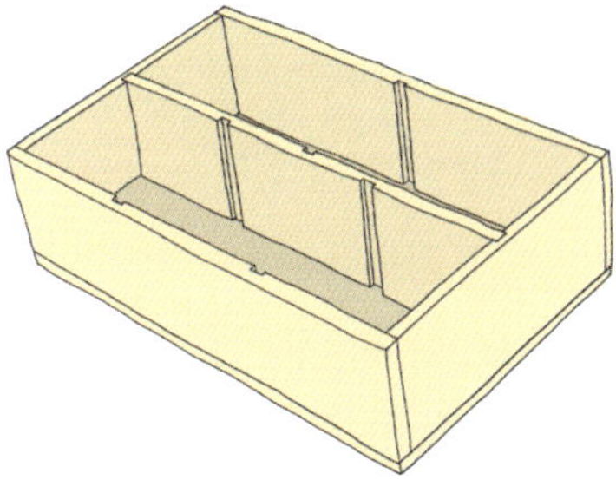

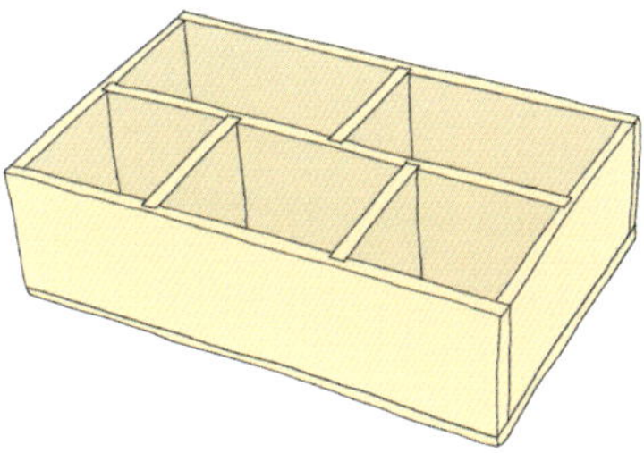

사포를 이용해 조금씩 면을 다듬으며 세로 구분판을 끼운다.

구분판을 떼면 넓은 공간이 생겨 해당 문구를 넣을 수 있다.

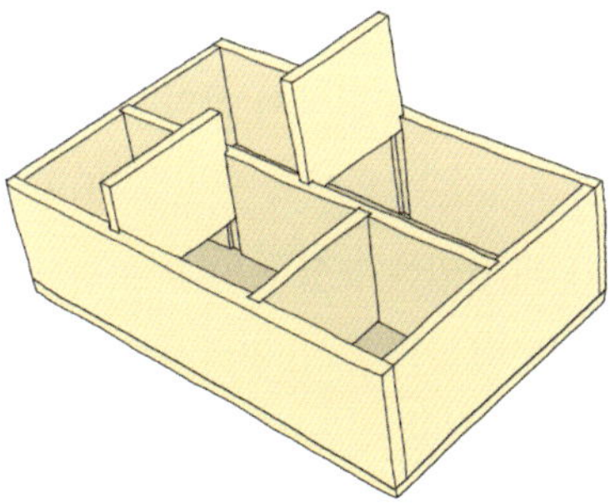

홈을 파는 작업이 끝나면 먼저 상자 외부 네 면과 바닥을 접착제와 실타카를 이용해 결합시킨다. 그 다음 길이가 긴 가로 구분판을 클램프로 조여 가며 결합시킨다. 접착제가 완전히 마르기를 기다린다. 세로 분할판을 홈에다 끼운다. 이미 홈이 파진 부분은 결합이 완료되었기 때문에 세로 분할판 자체를 조금씩 잘라가며 끼웠다 뺐다하는 동작이 원활하게 이뤄지는 순간까지 해준다. 상자 옆면을 클램프를 사용해 조이기 때문에 원래 크기대로 끼우려면 빡빡하게 들어갈 수 있다. 무리하게 힘을 주면 결합 부분이 파손될 수 있으므로, 손가락으로 힘을 주어 들어가지 않으면 조금씩 치수를 줄여가며 반복해서 작업한다. 한꺼번에 너무 많이 줄여 헐거워지면 방법이 없다. 사포와 칠로 마무리 해준다.

세로 분할판을 분리해내면 붓이나 자와 같이 기다란 것들을 넣어둘 수도 있다. 분할판을 꽂으면 메모지나 지우개처럼 작은 것들을 넣어둘 수 있다. 필요에 따라 쓰면 된다.

펜별로 구별하여 꽂아 정리할 수 있으면 좋겠다는 생각을 갖고 있었는데 어느 생필품 코너에서 보았던 플라스틱 펜꽂이가 꽤 쓸만해 보였다. 언젠가 나무로 한 번 만들어볼 생각을 했는데, 기회가 왔다. 정리함을 만들 때 미리 부재들을 여유 있게 다듬어 두었기 때문에 재단해서 연필꽂이 제작에 쓰기로 했다.

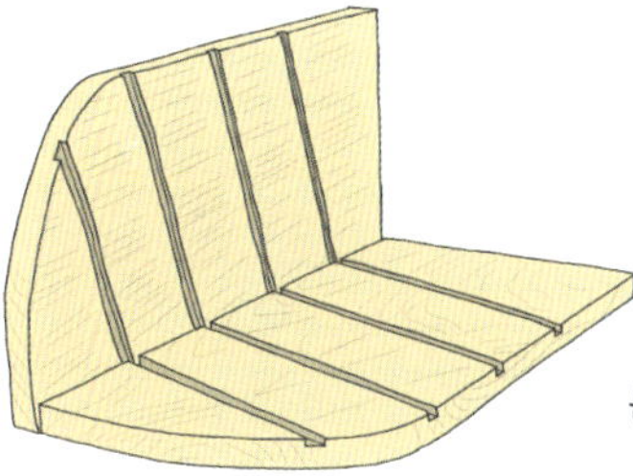

홈을 낸 옆판.

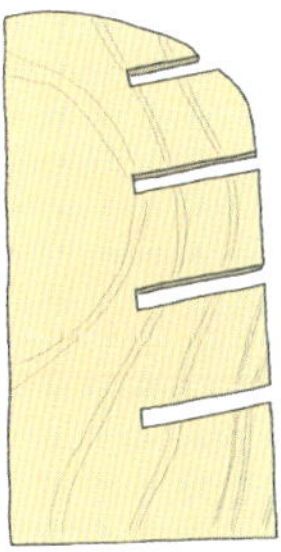

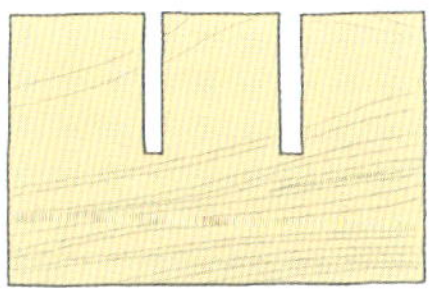

홈을 낸 세로, 가로 구분판.

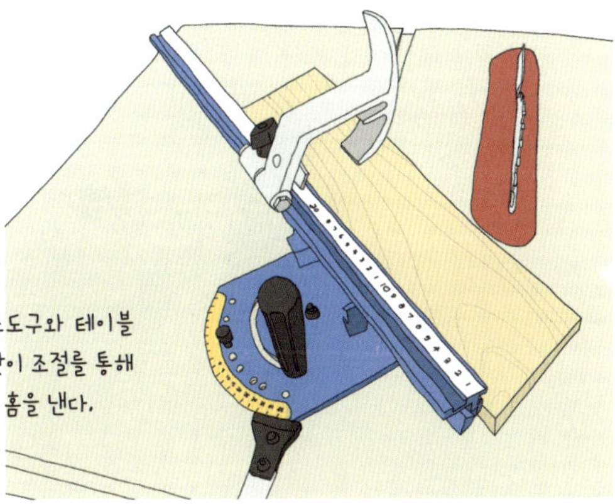

각도조절 보조도구와 테이블
쏘 톱날의 높낮이 조절를 통해
기울기가 있는 홈을 낸다.

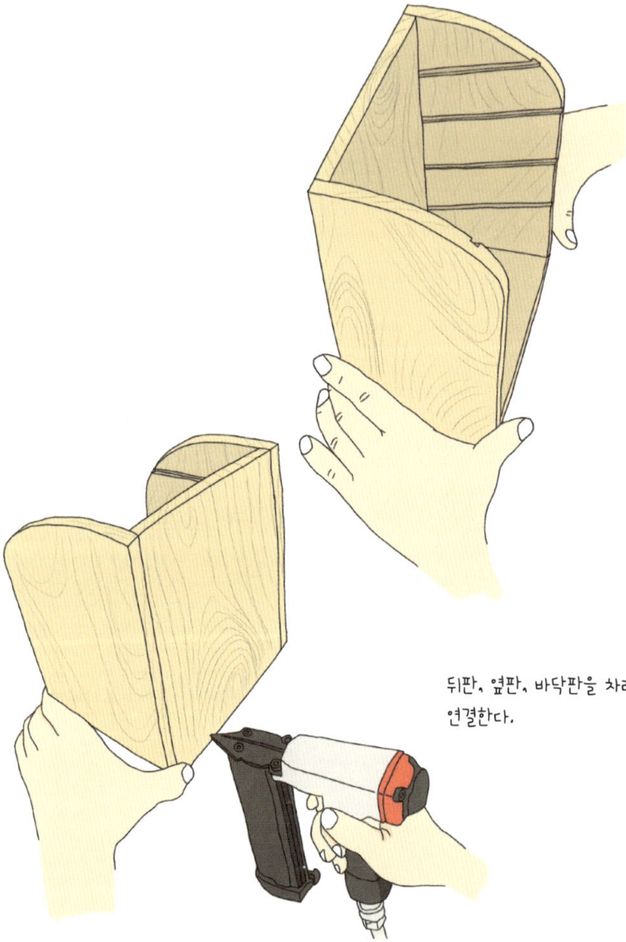

뒤판, 옆판, 바닥판을 차례로
연결한다.

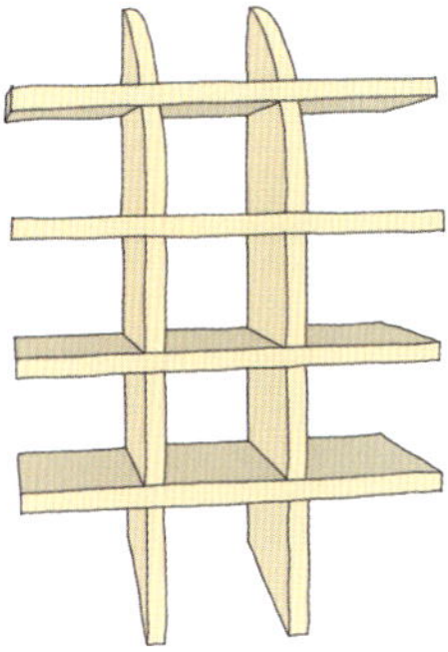

가로 세로 구분판을 조립 후 프레임에 끼운다. 접착제와 클램프를 이용해 단단히 고정한다.

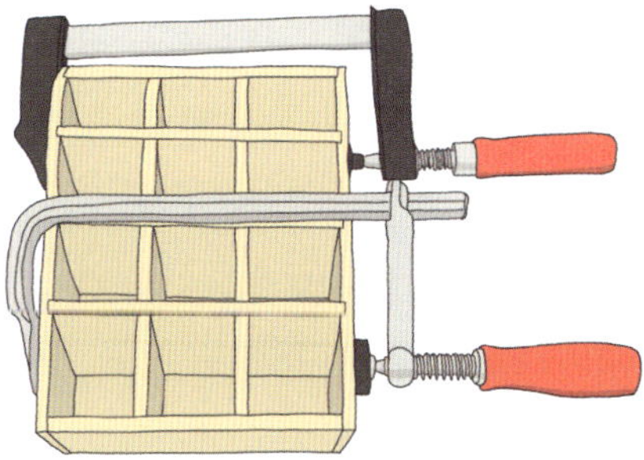

책상 위에 두고 쓰는 물건들이기 때문에 외관을 생각해서 뒤판도 합판이 아니라 느티나무를 그대로 사용하기로 했다. 필기구들이 들어오면 부딪힐 수 있어서 뒤판만 두께가 조금 더 있는 판재를 이용하기로 했다.

뒤판과 밑판은 사각형의 모양으로 자르고, 미리 그려둔 설계도대로 옆판과 세로 구분판은 홈을 판 다음 한쪽 모서리가 타원으로 이루어지도록 밴드쏘를 이용해 깎는다. 여기서 중요한 것은 세로 구분판과 가로 분할판을 서로 끼워 맞추는 것. 세로 구분판에 1~2° 정도 기울게 선을 긋고, 중간 정도에 맞물리는 지점까지 표시를 한다. 가로 분할판도 들어갈 사이즈를 감안해 여유 있게 재단하고 역시 중간 정도 맞물리는 지점에 표시를 한다. 각도조절 보조도구와 테이블쏘를 이용해 홈을 낸다.

뼈대가 될 뒤판과 옆판, 그리고 밑판을 차례로 접착제와 타카를 이용해 결합한다. 미리 세로 구분판에 가로 구분판을 차례로 꽂아가며 제대로 결합이 되는지 살펴본다. 세로 구분판은 뒤판과 직접 접착되는 부분이지만 가로 분할판은 약간의 공간이 생겨도 되기 때문에 뒤판과 마주하는 부분은 꼭 밀착되지 않아도 된다. 앞쪽에 잘 정렬하는지 살펴보고 가로판이 조금 튀어나오는 부분은 나중에 전동 샌더로 다듬어주도록 한다. 외부에서 끼워보고 뼈대에 통째로 밀착시켜서 안정감이 느껴지도록 조정이 되면 접착제를 발라 밀어 넣는다. 클램프로 옆과 앞뒤를 조인다. 샌더로 튀어나온 부분을 연마한 후 칠을 해 마감한다. 상상한 대로 아귀가 잘 맞지 않는 경우가 많다. 맞추고 조립해 가며 만드는 재미를 느껴야 한다. 이번 연필꽂이 제작은 아이디어를 떠올린 대로 맞물리는 부재를 홈에 맞게 끼우고 하는 일이 녹록하지 않아 공방 사장님의 도움을 많이 받았다. 다듬어둔 부재를 준비해 두었으니 다음 기회에 다시 도전해볼 생각이다.

자주 쓰는 스케치용 연필은 별도의 거치대를 만들어주었다. 드릴프레스를 이용해 구멍을 뚫는 방식을 이용했다. 드릴프레스는 수직으로 다양한 크기의 홈을 내는 공구다. 실용성보다는 인테리어를 위해 생각한 것이다. 연필 구경보다 조금 더 직경이 넓은 비트를 꽂아 드릴프레스로 구멍을 내면 별다른 작업이 필요하지 않다.

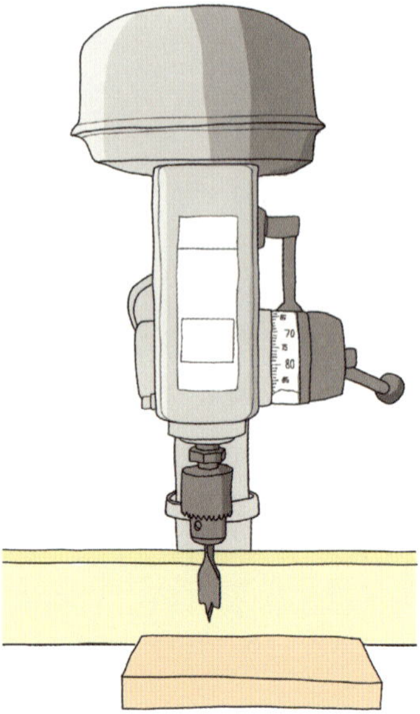

드릴프레스

부재에 수직이나 일정한 직선의 구멍을 가공할 때 사용되는 공구. 탁상드릴이라고도 한다. 다양한 크기의 구멍을 낼 수 있어 활용도가 높다. 부재가 비트에 걸려 회전할 수도 있고, 톱밥이 끼여 손상을 줄 수도 있어 주의해야 한다.

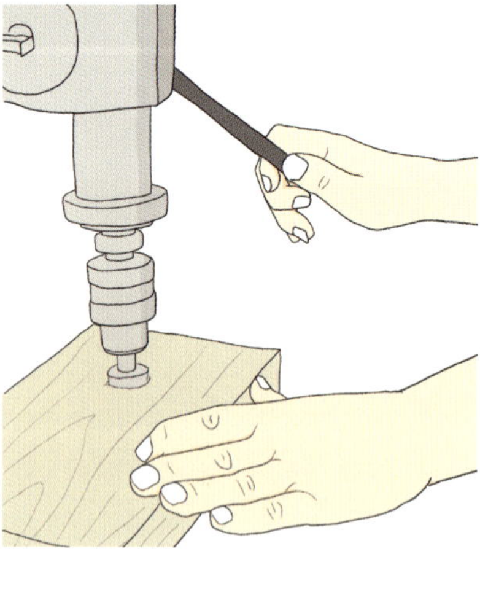

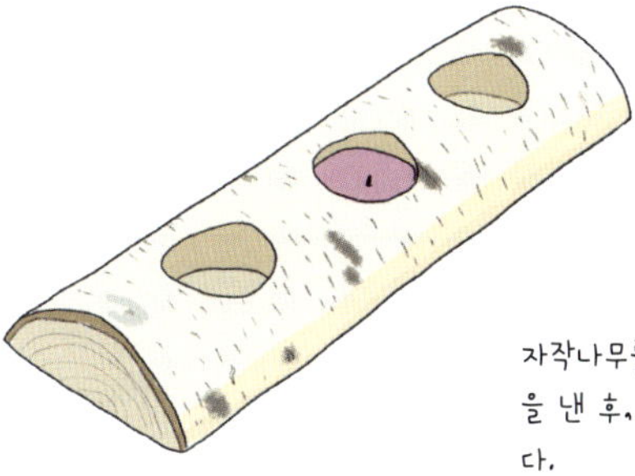

자작나무를 잘라 드릴프레스로 구멍을 낸 후, 향초 꽂이를 만들 수도 있다.

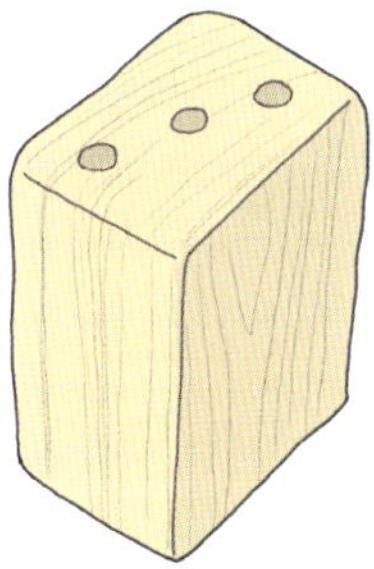

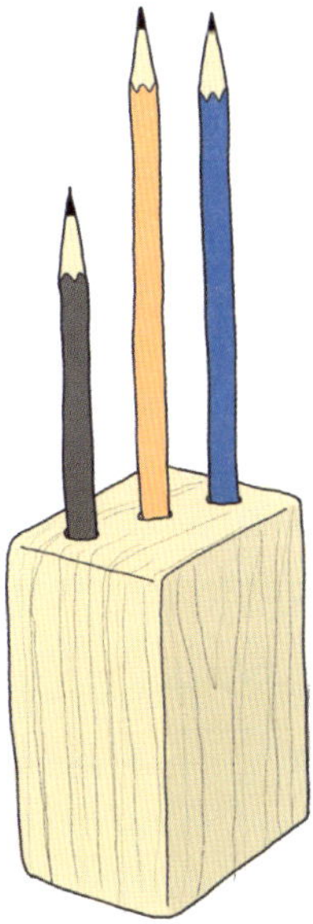

8mm 홈을 내면 연필을 꽂을 수 있다.

아낌없이 주는 나무?

수율에 울고 웃다

한동안 편백나무 열풍이 거셌다. 주로 피톤치드 때문이었다. 침대를 비롯한 가구는 물론 욕조까지 편백나무로 바꾸려는 가정이 많을 만큼 높은 인기를 누렸다. 유행은 순간이라 오래도록 인기를 누리지는 않지만 갈수록 심해지는 환경오염에 친환경 측면이 강한 편백나무는 여전히 선호되는 목재다.

측백나무과의 침엽수인 편백나무는 일본이 원산지다. 우리나라에는 1920년대에 들어와 남부 지방에 많이 분포하고 있다. 편백나무의 인기에 힘입어 국내 편백 조림 면적은 2008년 1622ha에서 2018년 5746ha로 3.5배 증가했다. 중부·북부지방에서도 조림이 이뤄졌기 때문이다. 하지만 국립산림과학원이 5년간 기상인자에 따른 생존율을 분석해 제작한 '편백 조림가능지역지도'에 따르면 남부지역을 제외한 전국 대부분이 부적합한 것으로 분석됐다. '동해凍害'때문이었다.[5] 이런 까닭에 목재로 사용되는 국내산 편백나무는 소량이고 대부분 '히노끼'로 불리는 일본산 나무나 중국산, 베트남산, 라오스산 등이 거래된다.

도마를 심심찮게 사가는 동네 사람들 때문에 공방에서는 자

5 산림청 산림과학연구소, 「편백 조림가능지역 지도 제작」 보도자료, 2020.6.2.

주 도마를 만들어 둔다. 빵 도마나 식재료 가공도마가 꾸준히 팔려나가는 편인데, 나이 드신 분들은 주방용 도마로 편백나무 도마를 제법 사가고는 한다.

공방 사장님이 한 번은 제재소에서 곧은 편백나무 한 통을 샀다. 부피로 계산을 해보니 편백나무 도마가 백 개는 나올 크기였다. 잘 다듬어 도마로 만들어 팔면 수율을 60%만 잡아도 몇 배 가격 정도로 팔 수 있겠다 싶었다. 그런데 나무를 쪼개고는 곧 생각을 접을 수밖에 없었다. 옹이가 수없이 붙어있었던 것이다. 판재로 켠 나무를 공방에 가져와서 옹이를 아무리 피하고 잘라 보아도 도마 크기의 판재가 열 개 남짓밖에 나오지 않았다. 옹이가 들어 있는 도마는 팔리지 않는다. 도마가 아니라

면 유절로 판매도 가능하겠지만 소비자가 선호하지는 않는 편이다.(옹이에 대해서는 p.241 참조)

제재소에서 나무를 팔 때는 부피로 계산해서 판다. 통나무는 일단 돈을 주고 사고 나면 속이 어떻든 간에 환불이 되지 않는다. 통나무 원목을 산다고 그 부피만큼 모두 가구 만드는 데 쓸 수는 없다. 제재소에서 켜는 과정을 거치며 수피와 같은 불필요한 부분과 켜는 방법에 따라 버려지는 부분이 생긴다. 둥근 원목을 네모난 목재로 잘라내면 부득이 하게 발생하는 부분이다. 제재소에서 일정한 두께로 켠 나무가 가구를 만들 정도의 상태로 건조되기까지는 또 시간이 걸린다. 말리는 과정이 잘못되면 끝이 터져 갈라지거나 습기로 인해 곰팡이가 들어가거나 휘어지기도 한다. 이러면 또 버려지는 부분이 생긴다. 여기다 옹이라도 잔뜩 들어있으면 낭패를 보기도 한다. 그래서 업계에서는 원목수율(이용률)이 잘해야 50%를 조금 넘는 수준이며, 많게 잡아도 60%를 밑돈다고 이야기한다. 그것도 좋은 원목을 만났을 때의 일이라고 한다. 그래서 수율을 끌어올리는 것이 공방을 운영하는 중요한 노하우 중 하나라는 것이 공방 사장님의 설명이다.

각재나 판재를 사다 쓰면 가격이 비싼 것은 그만큼의 과정에서 들어가는 비용이 모두 포함되어 있는 까닭이다. 물론 나무만 잘 만난다면 통나무 원목이 가성비가 좋을 것이다. 거기다 이런 저런 경로로 나무를 베어오거나 통나무를 얻는 경우도 생기기 때문에 수율의 문제는 늘 안고 가야하는 고민거리일 수밖에 없다.

통나무 원목을 제재소에서 켜다가 오히려 손해를 보는 경우도 있다. 진행과정에서 톱날이 부러지는 것이다. 나무 속에 박혀있던 못 때문에 날이 부러진 것인데 나무는 딱딱하고 견고한 물체와 접촉하면 그 접촉한 부분 주위의 형성층이 급속히 세포분열을 하게 되어 불룩하게 부풀어 올라 상대를 삼키려고 한다.[6] 사장님에 따르면 못뿐만 아니라 총알이 들어있는 경우도 있었다고 한다. 날 값은 의뢰자의 몫이라 꼼짝없이 지불해야 한다. 그렇다고 마냥 필요한 부재를 사다 쓰다가는 공방 운영에 타격이 클 것이다.

세상은 인과관계로만 설명되지는 않는다. 계획한 대로 나무는 그저 좋은 미소만 품고 있지는 않다. 이뤄질 때도 있지만 예상하지 못한 곳으로 흘러가기도 한다. 수율에 울고 웃지만 또 나무를 들이고 켜고 자르며 배우는 것도 많다. 섣부른 좌절도 낙관도 경계하라는 나무의 충고 같다.

6 수목은 가지가 잘리거나 상처가 생기면 그 곳에 병원균이 침입하는 것을 방어하기 위해 상처 부위를 막으려고 한다. 그래서 상처 부위 둘레의 형성층은 특히 활발하게 세포분열을 한다. Hori Taisai & Iwatani Minae, 『수목의 진단과 조치』, 서영대·김재온 옮김, 두양사, 2014.

8장

연결하는 재미, 더해지는 단단함

오해와 편견 속에 산다…
소나무, 잣나무, 그리고 미송

공방에서 목공체험을 하거나 DIY용 가구를 만들 때 자주 사용하는 목재가 미송이라 불리는 나무다. 아마도 대부분의 공방들이 그러할 것이다. 집성재로 판매되는 것이 그리 비싸지 않고 가공하기도 수월한 편이기 때문일 것이다. 미송美松은 소나무 목재의 한 종류인 것처럼 통용된다. 그래서 공방에 처음 갔을 때는 우리나라에 소나무가 많아서 그런가 보다 생각했다. 바보였다. 미송은 수입목재로 북미산 홍송으로 불리는 더글러스 퍼*Pseudotsuga menziesii*나 햄록*Tsuga heterophylla*과 같은 나무를 지칭하는 용어였다. 엄밀히 말하면 이들 나무는 소나무과에는 속하지만 소나무속은 아닌 나무들이다. 소나무 대체재로 수입되면서 미국 소나무라는 뜻으로 붙여진 이름이다. 이와 비슷하게 뉴질랜드산 소나무를 뉴송, 러시아산 소나무를 소송이라 부른다고 한다.

김민식 목수가 쓴 책에 보면 사람들이 흔히 갖고 있는 홍송에 대한 오해를 설명하는 대목이 나오는데 공방을 자주 찾는 목수 어르신들도 대부분 그렇게 생각하고 있다. 자신들이 재료로 사용한 소나무가 홍송korean pine, 紅松이라고 하는데, 잣나무 말씀이냐고 이야기했더니 이상한 표정들만 지었다. 홍송은 잣나무*Pinus koraiensis*를 부르는 말이다. 잣나무는 국내에서 가장 인공 조림을 많이 한 나무다.[1] 국내 유통 홍송은 중국산이 많다고 하는데 국내산 잣나무는 아직 큰 나무가 많지 않아 목재 색깔이 밝다고 한다.

소나무가 예로부터 널리 이용된 이유는 우리 주변에서 쉽게 구할 수 있는 재료였기 때문이라고 하지만 지금은 상황이 다르지 싶다. 공방에도 국내산 소나무 원목이 조금 있다. 얻어온 통나무를 켜서 몇 년 말려둔 것도 있고 자연 건조되도록 통나무 채 내버려둔 녀석도 있다. 탁자를 만들 때 필요한 재목이 없어 소나무 켜둔 것을 다리로 사용하기도 했다. 보통 쓸 만한 재목

잎이 2개인 소나무, 3개인 리기다소나무, 5개인 잣나무.

1 1970~1980년대에 중부지방에 경제 수종으로 많이 심었는데 생장도 좋고 목재 재질도 중급 이상이고 열매까지 수확할 수 있어 조림수종으로 각광받았다. 마상규·이강오, 『숲 경영 산림 경영』, 푸른숲, 2017.

으로 사용할 것들은 가격이 나가기 때문에 일반적으로는 수입산 집성목이 대부분이다.

소나무속에 해당하는 나무는 100여 종이 넘는다. 우리 땅에서 자라는 소나무*Pinus densiflora*도 그중 한 가지다. 고려 때부터 배를 만드는 데 사용했던 소나무는 가장 쉽게 구할 수 있고, 대략 80년 정도면 재목으로 쓸 수가 있다. 잎이 두 개라 이엽송으로 불린다. 산에 오를 때마다 쉽게 눈에 띄는 리기다소나무는 3개, 홍송이라고도 불리는 잣나무는 잎이 5개다.

소나무는 연륜이 뚜렷하고, 심재는 적갈색, 변재는 황백색으로 심재와 변재의 구분이 뚜렷한 편이다. 껍질이 붉은빛을 띠는 때문인지 영문 명칭이 'Japanese red pine'로 불려왔다. 최근에는 'Korean red pine'으로 이름 붙이는 움직임이 많다. 우리 소나무의 이름은 또한 육송, 금강송 등 다양하게 불리고 있다. 모두 소나무를 일컫는 같은 말이다. 바닷가에 주로 자라며 나무 껍질이 검은 소나무를 곰솔(해송)*Pinus thunbergii*이라 부르는데 좋은 소나무와 다르다고 한다. 태백산맥 지역에서 벌채된 목재가 한 지역에 집하되어 운송되던 것에서 유래한 춘양목도 있다. 학창

시절 같은 반 친구 중 경북 봉화군 춘양면 출신이 있었는데, 당시 수학교사가 춘양목이 유명하다며 그 친구를 '춘양이'라고 불렀다. 그때는 그곳에서 자라는 소나무가 춘양목인 줄 알았다.

소나무 목재는 다른 나무에 비해 높은 가격에 거래된다.[2] 이 때문에 상대적으로 가격이 싼 구주소나무*Pinus sylvestris*를 국산 소나무로 속여 판매하는 일들도 있다고 한다. 소나무가 아니지만 소나무로 불리는 것은 모두 소나무라는 좋은 재목에 대한 기대가 만들어낸 환상일지 모른다. 아마도 그 나무들이 제 이름을 찾는 일은 힘든 과정일 것이다. 때로는 내 이름도 타고난 이름이 아니라 사고 팔리는 물건에 적합한 이름으로 불리며 살고 있는 것은 아닌가 싶다. 살다보면 나라는 '사람'보다 '이용가치'로 불리는 이름이 더 많다. '김 대리'가 되었다가 '김 사장'이 되거나 '김 형'이 되기도 한다. 살면서 몇 개나 다른 이름으로 불리며 살게 될지 알 수 없는 일이다. 나를 나로 인식할 무엇이 존재하는지 생각해 보게 된 날이다.

2 소나무 원목의 가격은 2등급(직경21cm×길이3.6m) 기준으로 1㎥당 약 20만 원이다. 동일 등급의 낙엽송, 잣나무 원목과 비교해 약 1.4배, 삼나무, 리기다소나무, 참나무에 비해 2배 정도 비싼 가격이다. 산림청, 「DNA 분석 이용해 소나무 '수종 속임' 막는다」 보도자료, 2018. 3. 7.

추억을 되살리다

좌식 책상과 탁자

오가는 길에 있는 수예공방의 커다란 창 너머로 나이 지긋한 아주머니 몇 분이 털옷을 짜고 있다. 굵은 실과 대바늘이 오래된 탁자 위에 이리저리 놓여 있다. 겨울이 가까이 왔다는 신호 같다. 예전에는 작아서 못 입게 되었거나 유행이 지난 옷은 실을 풀어 다시 다른 모양으로 만드는 풍경을 자주 보았다. 경제적 상황 때문에 하던 일을 지금은 우아한 취미 생활로 한다. 더 풍성하고 다양해진 털실이 만들어내는 작품들을 보면 하나쯤 나도 갖고 싶어진다. 어쩌면 털옷보다 오고가는 수다에 더 행복할지도 모르겠다. 그래서인지 가지런히 신발을 벗어놓고 옹기종기 모여앉은 모습이 정겹다. 요새는 식당을 가보아도 신발을 벗고 들어가 양반다리로 앉아 식사를 하는 곳은 드물다. 어느 지자체는 음식문화개선사업으로 좌식 식탁을 입식 식탁으로 변경하는 식당을 지원하는 사업도 추진하고 있다고 하니 조만간 오밀조밀 모여 앉아 식사하는 모습은 없어질 것 같다.

그래도 이동이 편리하고 비용도 저렴한 편인 좌식 탁자나 책상은 아이들이 있는 집이 아니더라도 가정에서 한두 개쯤은 비치하고 사용할 것이다. 어떤 측면에서는 바닥에 앉아 불편한 점이 몸을 다시 일으키게 만드는 여지를 주기도 할 것이다. 오래 앉아 있지 않도록 말이다. 비 오는 날에는 발코니에 앉아 내리는 비를 바라보며 책을 읽을 시간도 갖고, 저녁밥을 먹고 TV를 보며 과일을 나눠먹는 시간에도 좌식 테이블은 긴요하게 쓰일 것이다.

이사한 집에서 아늑한 느낌을 원하던 아이에게 좌식 책상과 탁자 두 가지를 만들어주기로 했다. 우선 적당한 재료를 찾아야 했다. 마침 편백나무를 집성해 둔 판재가 있어 책상의 상판으로 쓰기로 했다. 재미있는 것은 공방에서 집성한 판재라 한 쪽 가장자리 부분이 직선 모양으로 된 것이 아니라 껍질 부분의 윤곽이 그대로 드러나 있는 곡선으로 되어 있다는 점이었다. 그리고 폭이 좁은 목재를 여러 장 집성한 것이 아니라 넓은 판재 두 개를 솔리드 방식으로 집성했기 때문에 무늿결이 자연스럽게 이어져 그냥 원목을 켜둔 것 같은 느낌이었다. 책상인지라 직선형태로 다듬으려다 살려두는 것도 좋겠다 싶어 그대로 두기로 했다. 굳이 사각형의 모양을 취하지 않고 나무가 그대로 살아있는 모습으로 만들기로 했다. 판매를 목적으로 한 것이 아니기 때문에 자유로움이 허용된다. 상판의 두께는 25㎜ 이상 되었다. 길이는 850㎜, 폭은 550㎜ 정도가 나왔다.

일반적인 책상으로는 편백나무를 잘 쓰지 않는다. 소프트우드에 속하는 편백나무는 다소 무른 편이어서 작업을 하다보면 흠집이 나기 때문이다. 하지만 은은한 향을 느낄 수 있고, 이동에 대비해 무거운 하드우드는 사용하지 않기로 했다. 이미 대학생이 되었기 때문에 그 형태 그대로 써도 크게 손상되지 않을 것으로 생각했다. 다른 판매 집성목을 사용하면 더 튼튼할 수도 있지만 무늿결이 자연스럽게 살아있는 판재라 이용할만한 가치가 있었다. 책상을 비롯한 일반적인 테이블 구조는 커다란 상판을 지지해야 하기 때문에 다리와 함께 가로대를 필요로 한다. 가로대는 자르고 남은 편백 집성판재를 이용해, 다리는 색상이 비슷해 보이는 미송 각재를 골라 만들기로 했다.

다리는 상판과 완전한 수직이 아니라 바깥쪽으로 2° 정도 기울어진 형태다. 하중으로 다리에 무리가 가지 않는 선에서, 다리가 짧아 하중이 적을 것임을 고려해 디자인 한 것이다. 절단이 중요한데 단순히 비스듬하게 잘라서만 되는 것이 아니다. 가로대와 접촉하는 부분을 더 깍아내야 한다는 점이 다리를 만드는 데 애로점이다. 3차원적으로 생각하며 재단하는 일이 생각보다 어렵다.

이제 조립하는 일만 남았다. 먼저 가로대로 만들 부재 네 개를 나사못을 이용하여 연결한다. 이중 드릴 비트를 이용하여 깊숙하게 홈을 파서 나사못을 체결한 후 목심으로 마무리 한다. 가로대가 만들어지고 나면 상판의 정중앙에 가로대를 잘 배치하여 연결한다. 가로대에 이중 드릴 비트로 홈을 파 나사못으로 상판과 연결한다. 네 개의 다리는 바깥쪽으로 기울게 배치하고 같은 방식(나사못 연결 후 목심 처리)으로 연결한다. 완성이 되면 상판은 원형수평샌더를 이용해 다듬고 나머지 부분들은 손으로 사포를 이용하여 마무리하면 된다.

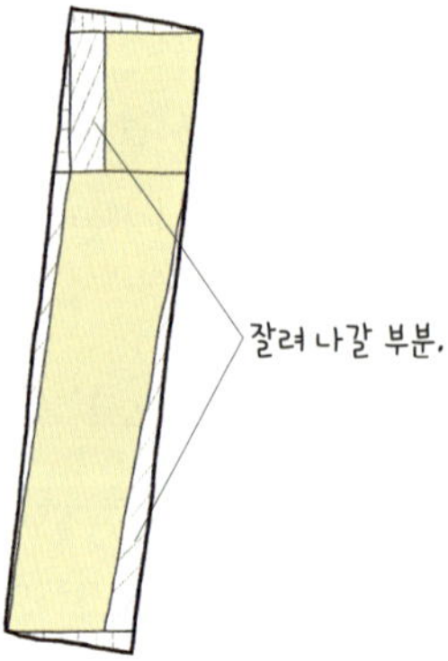

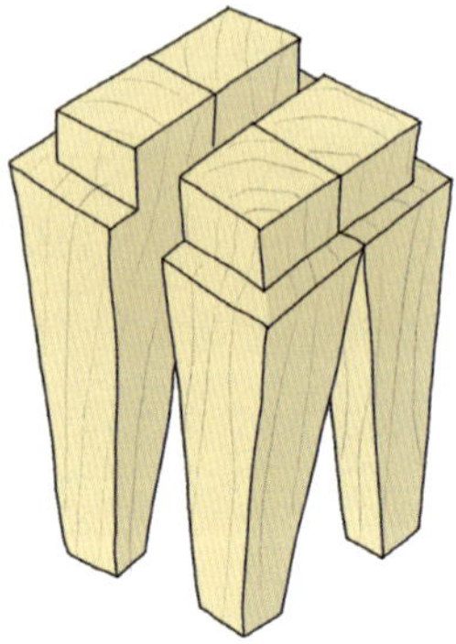

기울기를 감안해 배치한 후 잘려나갈 부분을 표시하고, 테이블쏘나 밴드쏘를 이용해 재단한다.

재단한 가로대용 부재를 나사못을 이용해 연결하고 상판과도 연결한다.

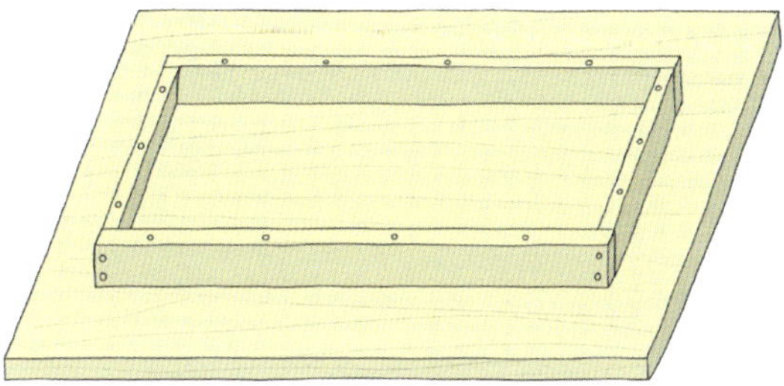

다리로 쓸 부재를 모서리에 맞대고 나사못으로 연결한다.

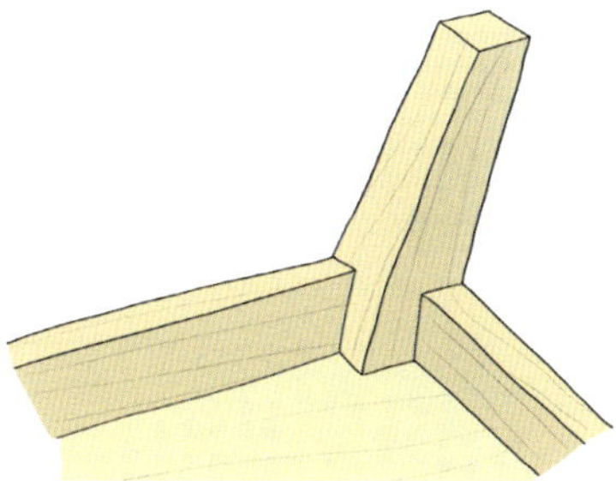

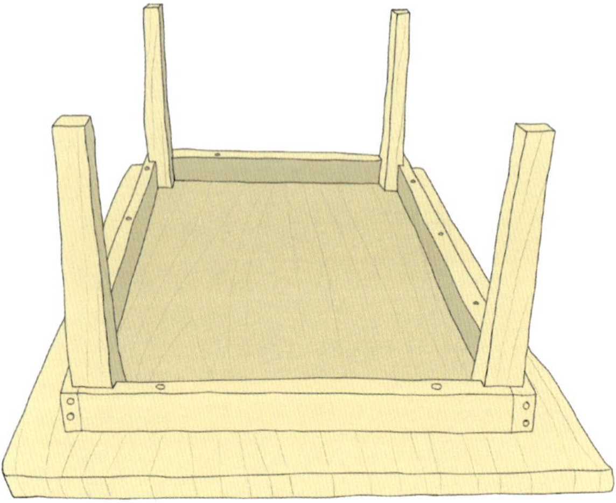

내친김에 거실에 둘 좌식 탁자까지 하나 만들어보기로 했다. 컴퓨터 모니터와 정리함 등을 올려놓는 용도로 한 자리에 고정될 탁자의 폭은 600㎜, 길이는 1,000㎜, 높이는 상판 윗부분에서 다리 끝까지를 350㎜로 정했다. 앞서 제작한 책상은 이동성이 우선 고려되어 나사못 연결로 모든 부위를 이었다. 상판의 수축, 팽윤에 대비하기 위한 가로대와 상판의 연결방식이 중요한데 그 점은 미처 고려되지 못한 것이다. 그래서 고정된 자리에 둘 좌식 탁자는 다리와 가로대를 짜맞춤으로 이어보기로 했다. 이전 선반 작업에서 꽂임촉 장부짜임을 사용했다면 이번에는 탁자의 다리와 가로대를 삼면맞물림 장부짜임으로 연결한다.

상대적으로 다리가 될 나무의 두꺼운 것으로 했다. 가로대가 양쪽에서 교차해 들어오는 것을 수용해야 하기 때문이다. 세 개의 선이 한 곳에서 만나 교차하게 된다. 도면을 그리면서 두 개의 가로대가 하나는 위로, 하나는 아래로 교차하도록 하고 둘이 만나는 부분에는 홈을 파서 서로 물리도록 해야 한다. 상판에는 LCD 모니터와 복합기, 키보드와 마우스 정도를 올려두는 용도다. 하중을 위해 네 개의 다리 폭을 넓게 잡았다. 두 방향에서 들어오는 가로대가 교차하는 점도 고려해야 한다.

우선 각 부위에 들어갈 부재를 재단해 놓는다. 상판과 다리

4개, 가로대 4개인데, 다리와 가로대는 삼면장부짜임으로 제작하기 때문에 거기에 맞춰 재단을 해야 한다. 상판은 레드파인 집성, 다리는 레드파인 제재목, 가로대는 미송 집성판으로 절단한 후 재단했다. 상판은 21T 레드파인 집성목으로 절단하고 마구리면이 보기 싫어 자투리로 남은 집성목을 절단해 양쪽 가장자리에 덧대었다. 가로대로 쓸 4개 판재도 각각 절단한다.

다리를 중심으로 교차하는 가로대 방향을 잘 고려해 홈을 파내야 하고, 이를 위한 선 표시에 신중해야 했다. 몇 번의 착오를 거쳐 절단 부위 표시를 마쳤다. 이제 본격적으로 홈을 내야 할 시간이다.

먼저 가로대의 높이와 폭을 감안해 다리 상부에 홈을 판다. 십자 형태가 된다. 테이블쏘를 이용해 톱날의 높이를 고정하고 조금씩 좌우로 움직이며 홈을 판다. 정확하게 선에 밀착시키지 말고, 가로대의 결합 부위와 맞춰가며 나중에 끌을 이용해 미세하게 조정할 여지를 남겨둔다.

가로대 역시 전체적으로 크게 덜어내야 할 부분(다리와 맞닿는 부위)부터 먼저 테이블쏘를 이용해 홈을 파도록 한다. 그 후에 교차하는 에이프런과 홈 결합을 하는 부분을 재단한다. 각각의 결합 부위에 번호를 매겨두고 결합에 해당하는 부위를 미세하게 조정하며 홈을 파낸다. 다 파내면 울퉁불퉁한 면을 고르게 다듬은 다음 결합해본다. 조금 빡빡하게 들어가는 부위는 나

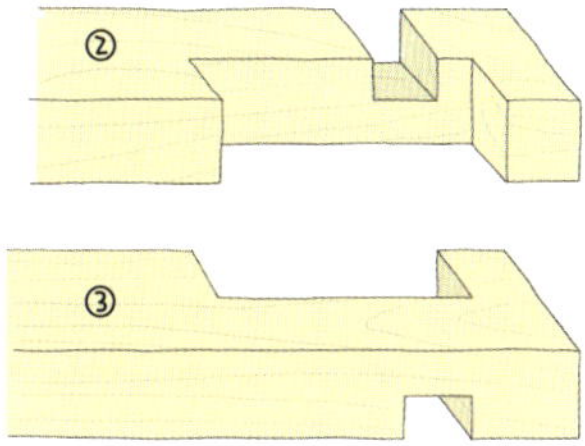

테이블쏘를 이용해 다리에서 교차하는 부분의 홈을 파낸다.

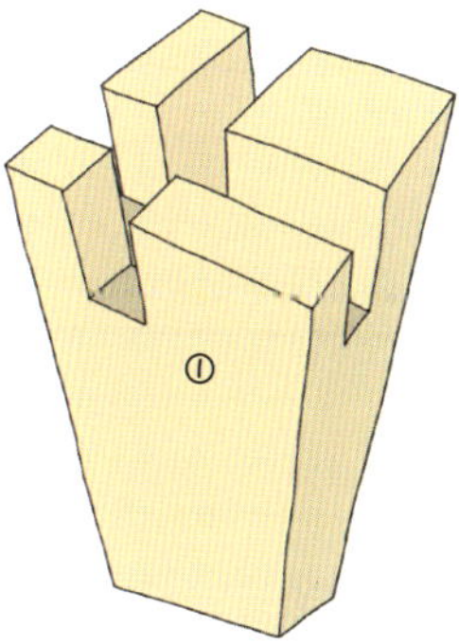

아래, 위 들어가는 위치에 맞게 가로대의 홈을 재단한다.

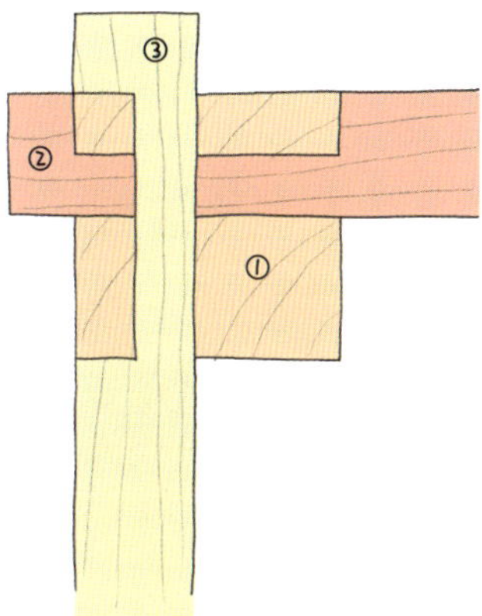

다리를 중심으로 연결되는 구조를 잘 파악해 재단하고 순서대로 끼워 결합한다.

무망치로 살살 두드리며 결합한다. 강한 힘을 들이면 부러질 수도 있다.

가로대와 다리가 모두 연결되었으니 이제 상판과 연결하는 일만 남았다. 상판을 가로대 위에 올려보고 고르게 맞닿는지 확인해보아야 한다. 맞지 않는 부분이 있다면 대패나 그라인더를 이용해 편평하게 만들어주어야 한다.

다리와 가로대의 연결을 삼면맞물림 장부결합으로 진행했으니 가급적 못을 대지 않고 상판과의 연결도 진행해보기로 했다. 나사못 연결의 흔적을 메우기 위해 사용했던 목심을 이번에

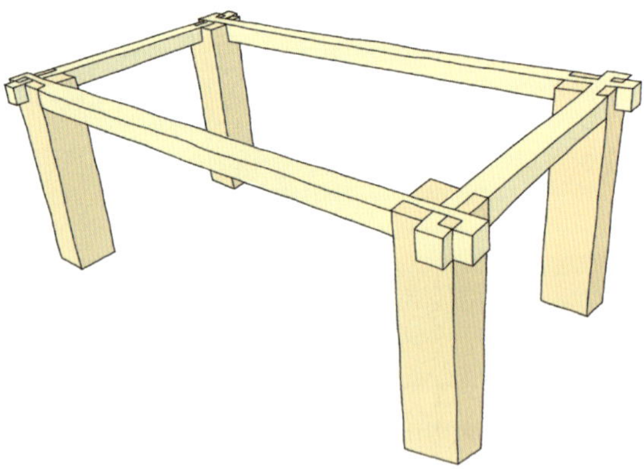

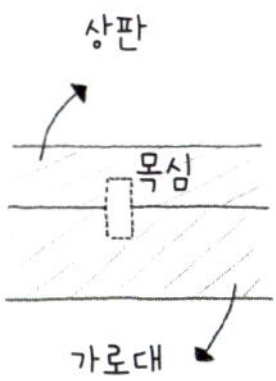

상판과 가로대의 연결은 목심으로 처리한다.

는 상판과 하부의 연결에 이용했다. 평소에는 가급적 제작하는 나무와 이질감을 느끼지 않도록 나뭇결이 맞는 나무를 이용해 직접 드릴프레스로 목심을 만들어 썼지만, 양쪽 부재 안으로 들어가기 때문에 구입해놓았던 목심을 그냥 이용해도 된다. 먼저 목심이 들어갈 위치를 가로대에 표시한다. 목심의 직경이 8㎜이므로 구멍을 내줄 드릴 비트도 8㎜로 끼워 구멍을 뚫어준다. 양쪽 모두에 들어가고 맞물려야 하기 때문에 목심 길이 절반 정도가 들어갈 깊이로 뚫어야 한다.

가로대에 드릴로 파낸 구멍에 접착제를 바르고 목심을 끼워 마를 때까지 기다린다. 상판을 바닥이 위로 오게 둔 후 하부 프레임을 뒤집어 상판 위에 올린다. 적당한 위치에 하부 프레임을 위치시킨 후 목심이 상판과 닿는 부분에 연필로 위치를 표시한다. 하부 프레임을 치운 후 상판에 표시한 부분을 드릴로 구멍을 낸다. 다시 상판에 하부 프레임을 올리고 구멍 낸 자리에 목심이 들어가도록 잘 조작해 끼운다. 망치를 이용해 살살 두드리며 밀착이 되는지 확인했다면 다시 빼고 접착제를 바른 후 다시 끼운다. 완전히 밀착되도록 끼웠다면 클램프를 이용해 고정시킨 후 최소 하루 이상 둔다. 남은 일은 사포질과 칠뿐이다. 못이 들어가지 않고 나무 자체만으로 이어진 탁자가 완성되었다.

삶이 벌인 흔적,
옹이를 바라보는 마음

공방에서 만들어온 탁자 상판에는 유난히 옹이가 많다. 집성으로 만들어진 한 판재에 옹이가 여러 개 들어 있는 걸 봐서는 줄기 밑동에서 멀리 떨어진 부분이거나 굵은 가지로 만든 판재가 아닐까 싶다. 이렇게 목재에 옹이가 붙어 있는 것을 유절, 옹이가 붙어 있지 않은 것을 무절이라 부른다. 유절보다 무절이 가격이 비싸다.

나무는 성장을 위해 뿌리에서 양분과 수분을 끌어올리는 것에 더해 잎을 펼쳐 에너지를 만들어야 한다. 나무에 가지가 생겨나는 이유다. 가지마다 잎이 광합성을 통해 생성한 양분을 내려 보낸다. 옹이는 나무가 성장하기 위해 가지를 뻗은 흔적이다. 가지 없는 나무가 있을 수 없듯 옹이 없는 나무도 없다. 살아 있으므로 나무가 자라면서 살아있는 가지가 출발한 지점은 매년 줄기의 중심으로 밀려들어 가며 옹이가 된다. 즉, 나무줄기에서 시작된 가지의 그루터기가 자라난 부분을 말한다.

살아있는 가지에서 생성된 옹이를 산 옹이live knot, intergrown knot라고 한다. 모든 가지가 자라면서 삶을 이어갈 수는 없다. 나무가 수직으로 성장하며 새로운 가지를 만들게 되면 아래쪽에 있는 가지는 빛을 잘 받지 못하게 되거나 병충해 등으로 상처받아 고사한다. 그렇게 가지가 떨어져 나간 자리에서 나무는 균으로부터 자신을 보호한다. 그리고 그 상처, 가지의 흔적은 더 자라지 못해 줄기와의 연속성도 끊기고 목부 내에 묻힌다. 이렇게 된 옹이를 죽은 옹이dead knot, encased knot라고 한다. 나무가 가진 옹이의 수나 크기, 그리고 종류는 나무가 살아가기 위해 벌인 흔적을 고스란히 보여주는 지표다. 얼마나 노력을 했는지, 몇 살에 그랬는지, 어떤 위기를 맞았는지, 얼마나 버티고 살았는지 등. 나무가 뿌리를 내린 토양과 위치 환경에 따라 가지의 모양이나 수가 영향을 받을 수밖에 없으므로 옹이는 나무가 살아있던 날들의 모든 조건을 내비치는 것이기도 한다.

옹이를 꺼리는 이유에 미관이 훌륭하지 못하다는 것만 있지는 않다. 목재를 만지는 사람에게도 어려움이 있다. 작업자의 입장에서 건조할 때나 공구로 다듬을 때, 칠을 하거나 이어붙일 때 고생을 해야 한다. 나무가 살면서 옹이가 생긴 부분은 줄기 속 물관과 섬유질 등 여러 기관의 경로 변경을 초래하게 된다. 이로 인해 순결로 이어지던 곳을 엇결로 만들기도 하고 너무 단단해져 공구에 무리한 힘을 가하다 나무에 상처를 내게 하기도 한다. 톱질도 어렵고 못을 박는 것도 힘들어 옹이가 있는 자리를 피해서 못을 박아야 한다.

상처는 눈에 보이는 흉으로 느껴질 수밖에 없다. 만약 겉으로 보이는 것으로만 만족하며 산다면 그렇다. 잘 견뎌내며 마음

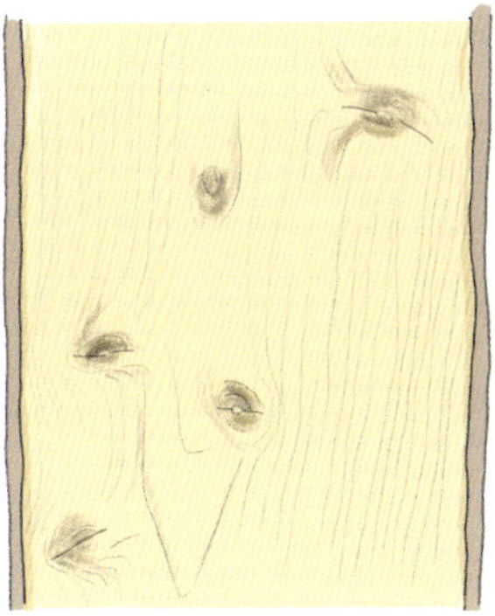

이 단단해진 사람이라고 반드시 풍요롭게, 사람들의 주목을 받으며 살지는 않는다. 그것이 꼭 행복도 아니다. 경제적으로 윤택하지 않지만 속이 단단한 사람에게서 오히려 우리는 많은 것을 배운다. 옹이가 없었다면 나무의 성장이 없었듯, 내게 닥친 난관을 헤쳐나간 흔석은 시금의 니를 만든 윈동력이다 힘을 크게 받지 않는 가구라면 옹이가 있어도 제작하는 데는 무리가 없다. 옹이가 들어있는 목재가 자연스럽다면 유절을 선호하는 목수도 있다. 옹이로 예술작품을 만드는 공예작가도 있다.

새로 만든 탁자에서 밥도 먹고 책도 읽고, 엎드려 낮잠도 잔다. 햇빛을 받아 옹이 자리의 색은 더 짙어졌지만 이젠 그냥 원래부터 있던 무늬처럼 느껴진다. 상처가 흉터로만 머무르지 않고 단단해진 피부로 자리 잡는 것, 나무에게나 사람에게나 참 보기 좋은 풍경이다.

9장

혼자 하는 작업의 즐거움

DIY, 목공작업자, 그리고 목수…

어떻게 바라보느냐의 문제

수도권 외곽에서 카페를 시작한 후배를 찾아갔다. 기온은 그렇지 않았지만 하늘의 표정은 마치 눈이 내릴 것 같았다. 축하도 격려도 할 겸 들른 가게는 생각보다 단순했다. 경제적인 문제가 가장 컸겠지만 대부분의 실내인테리어를 동업하는 두 사람이 함께 진행했다고 했다. 전혀 초보는 아니었기에 시간은 오래 걸렸지만 그리 어설프지 않게 진행되어 있었다. 기본적인 전기나 설비공사야 맡겼지만 도전해보았구나 싶은 많은 것들의 흔적을 느낄 수 있었다.

그중에서도 눈에 확 들어온 건 핸드드립으로 커피를 내리는 탁자와 책꽂이, 선반 등이었다. 빼어난 솜씨도 아니고 마감이 훌륭하지도 않았지만 카페 분위기와 잘 어울렸다. 직접 나무를 구해다가 만든 것, 기성 제품에 덧대어 용도를 확장한 것 모두 제 기능에 충실했다. 제 것을 스스로 만들어 쓰고자 하는 욕구가 여러 곳에서 보여 기뻤다. 누군가는 어설픈 아마추어라고 대수롭지 않게 여길지 몰라도 이런 욕구가 아름다움의 밑거름이 될 것이다. 세상을 어떻게 바라볼 것인지, 과정을 어떻게 규정지을 것인지, 그것에 맞게 어떻게 행동할 것인지 모두 내 생각과 의지로 구축해나가는 것이 바로 작업자의 덕목이다.

아마존 강 유역에서 쓰이는 작은 규모의 언어들 중 하나인 힉사카리아나어는 유일하게 목적어가 문장의 앞에 놓이는 언어라고 한다. 그런가 하면 지구의 언어 중 약 10퍼센트는 아일

랜드어와 같이 동사를 주어 앞에 놓는다고 한다.[1] 이 사실을 알게 되기 전까지 주어가 앞에 오지 않는 언어가 있다는 생각은 해본 적이 없다. 어순과 같이 한 언어가 갖는 저마다의 특징은 그 사회가 바라보는 방식과 생활의 양식을 드러낸다. 다양한 언어는 풍부한 인류의 자산이 되기보다 효율적인 교환을 방해하는 거추장스런 도구로 여겨지기도 하고, 실제 그렇게 사라지는 언어가 많다. '누구'보다는 '무엇'이 중요한 삶이 어느 곳에는 존재한다. 필요와 목적에 따라 누구든 활용하고 도전하는 삶에 대한 존중이 필요하지 않을까.

목공 일은 어떻게 바라보느냐가 중요한 작업이다. 나름대로의 작업을 하면서 마음 편했던 점은 누군가에게 평가받지 않아도 된다는 것이었다. 룰에 얽매이지 않고 나만의 방법을 고민하며 찾아가는 과정이 흥미롭고 좋았다. 공방 사장님은 나무로 무언가를 만드는 사람을 몇 가지로 구분해 말하고는 했다. DIY 생활인, 목공작업자, 목수, 장인 이렇게 말이다.

DIY 생활인은 말 그대로 내가 해내는 것이지만 정해진 것을 조립하는 수준이다. 규격화된 재료를 가지고 잇고 붙이는 작업을 하는 기초적인 형태다. 목공작업자는 자신이 만들고자 하는 물건의 쓰임새를 생각해 재료를 선택하고, 재단하여 필요

1 수잔 로메인·다니엘 네틀, 『사라져 가는 목소리들』, 김정화 옮김, 이제이북스, 2003.

에 맞게 변형하여 쓸 수 있는 능력이 있는 사람이다. 동일한 규격의 부재를 만들어 쓰고 가공할 줄 아는 사람이다. 좀 더 나아가 돈을 받고 누군가에게 물건을 만들어 파는 지점에 목수라는 자리가 있다. 목공작업자의 끝 어느 부분과 목수의 길 사이에는 관점이라는 것이 존재한다. 물론 직업이 목수일 뿐 목수의 길에 서 있지 않은 사람도 많다. 내 생각에는 자신만의 철학으로 자신만의 색깔이 있는 물건을 만들어내는 사람이 목수가 아닐까 싶다. 마지막으로 장인은 그야말로 예술의 영역에 이른 사람이다. 용도보다 아름다움에 더 힘을 주는 사람이다. 목공작업자의 영역도 벅차하는 나 같은 사람에게는 목수의 길로 가는 용기조차 가지기 어렵지 않을까 싶다.

짧은 시간 동안 배운 것이 있다면 나도 할 수 있다는 기쁨을 넘어 내게 필요한 것이 무엇이고, 이것을 어떻게 만들어낼 것인가 스스로 고민하는 힘을 얻었다는 것이다. 우리는 사실 내게 진짜 필요한 것이 무엇인지는 알지 못한 채 살아가는 경우가 많다. 남이 하니까, 남이 보니까, 남이 먹으니까 따라서 원했던 것이 없는지 둘러보면 의외로 넘쳐날 것이다. 내가 원하는 것, 내가 해야 할 것에 대한 고민으로 밤을 새워본 사람이라야 나무작업자가 될 수 있다. 스스로 생각하는 힘, 목공 작업을 하며 얻어가는 가장 소중한 한 가지다.

네모로 바라보다

마음의 창을 내다

벽에 주렁주렁 거는 것을 싫어한다. 자연히 집 안에 액자가 걸리는 일도 없다. 이런 성향은 딸에게도 이어져 고작해야 투명테이프로 떼어낼 종이를 붙이는 일이 고작이다. 액자라고 해도 작은 것 한두 개가 책상이나 탁자 위에 서 있을 뿐이다.

액자는 벽과 작품을 구별하는 선과 면의 힘을 가지고 있다. 선과 면으로 구분된 별개의 세상을 우리는 들여다본다. 학창시절 그림실력과 상관없이 손가락으로 사각형을 만들어 구도를 잡는 것처럼 말이다. 좋은 말로 집중하게 만드는 것, 의심의 눈으로 바라보면 강요된 시선을 요구하는 사각의 프레임이다. 그래서 정해진 모든 프레임은 길들임의 요소를 안고 있다. 물론 길들여짐에서 평온을 느끼는 것들도 있다. 프레임 안으로 들어오는 순간, 의미는 확정되고 쓰임은 고착화된다. 프레임 없이 세상을 바라보는 일이 불가능하다고 치면, 어떤 프레임을 가질 것인가는 매우 중요하다. 고정하지 말고 유연하게 변형되는 프레임, 어쩌면 인간에게는 튼튼하지 않은 프레임이 필요할지도 모른다. 과연 내 창은 어떤 것일까.

성화를 안전하게 보관하기 위한 목적으로 출발한 액자는 과시를 위한 전시가 유행하면서 세계로 퍼져나가기 시작했다. 그림이 대중화되면서 액자 생산량도 급속히 증가하기 시작했다. 그림은 박물관에서만 전시되는 것이 아니라 각종 관공서와 기업, 가정에서도 상시 전시되는 상황에 이르렀고 액자의 수도 거기에 맞춰 늘어나기 시작했다. 중세시대에는 액자 틀을 나무를 깎고 하나하나 조각하는 작품으로 제작하는 형식이었다면 19세기가 지나면서 공장에서 찍어내는 상품이 되었다.

플라스틱을 비롯해 다양한 소재가 발달하면서 지금은 나무로 완성된 액자가 차지하는 비중은 크게 줄어들었고, 어디서나 구할 수 있는 공산품이 되었다. 그래도 공방을 통해 나무 액자의 주문은 가끔이지만 들어온다. 그림의 규격이 일정하지 않고, 전시를 위한 액자는 나름의 독특함을 주목받기 위해 나무로 직접 제작을 의뢰하는 경우가 많기 때문이다. 소수를 위한 사물이 되었다고 할까.

다른 용도로 사용되었던 잣나무를 이용해 새로운 액자로 만들기로 했다. 다시 면을 다듬고 원하는 크기대로 절단했다. 일반적인 액자의 특징은 테두리가 되는 나무의 모든 면에서 볼 때 결이 살아있는 모습을 보여준다는 점이다. 그래서 필요한 것이 연귀결합이다. 주먹장이나 핑거결합을 했을 때처럼 짜임의 구조도 노출이 되지 않는다. 보통 접착제만으로 결합해야 하기 때문에 결합강도가 세지 않다는 약점이 있지만 꽂임촉을 별도로 활용하면 훨씬 더 강도를 높일 수 있다.

연귀결합을 위해서는 마주치는 두 면을 45°로 마주하게 절단해야 한다. 정확하게 재단하지 않아 0.5°라도 달라지면 네 면을 모두 맞추는 지점에서는 차이가 많이 벌어지기 때문이다.

연귀결합은 마구리면이 드러나지 않게 부재를 연결하는 방법이다. 각도조절 보조도구를 이용해 45°로 정확하게 부재를 절단해야 한다.

우선 각도보조도구를 활용해 각재를 45°로 절단한다. 보조재료로 실행해 본 후 본 재료로 절단한다. 제대로 절단되면 결합에 들어간다. 접착제를 바르고 클램프로 고정하려고 하면 밀려나기 십상이다. 여러 방식을 이용해 조금씩 조여야 한다. 코너클램프를 이용해도 된다. 나무 작업대에 직각으로 고정대를 박은 후 밀어가며 붙이는 방식을 취할 수도 있고, 접착제를 이용해 각 면을 접합 한 다음 액자 뒷면에 'ㄷ'자형 타카를 박아 고정한 후 클램프를 이용해 서서히 조여 가며 밀려나지 않도록 고정시킨다. 뒤쪽 사진이나 그림이 들어갈 부분을 트리머를 이용해 적당한 깊이(합판이 들어갈 두께)로 안쪽 모서리를 깎아 내용물이 들어갈 수 있도록 한다.

이제 접합된 면이 상하좌우로 밀려날 염려는 없어졌지만 앞뒤로 틀어져버릴 위험성은 남아 있다. 이를 막기 위해 액자 모서리에 다른 결합재를 넣어주어 밀리지 않도록 해준다. 꽂임촉을 끼워주는 것이다. 모서리면 홈 파기용 지그로 삼각형 형태의 홈을 테이블쏘를 이용해 파낸다. 홈의 두께만큼 판재를 만들어 네 개로 절단한 후 각 귀퉁이마다 접합시킨다. 이때 벌어지는 공간이 생기지 않도록 나무망치로 살살 때려가며 밀착시키고 클램프로 고정해준다. 뒤쪽에 박아두었던 타카는 뽑아준다. 마르고 나면 톱을 이용해 불필요한 부분을 잘라 내고 그라인더로 면을 고르게 연마해준다.

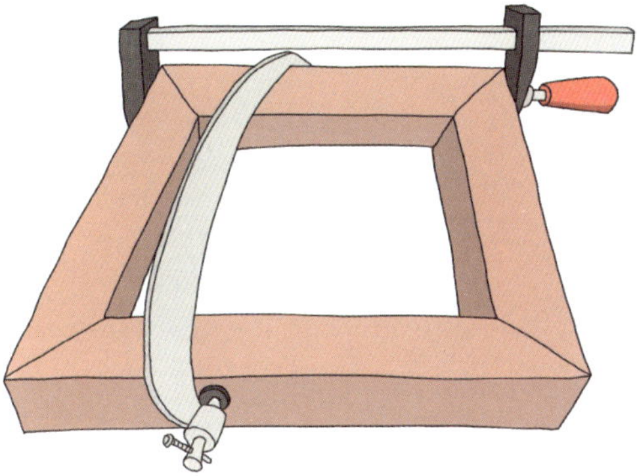

접착제를 바른 후 다양한 클램프를 이용해 조금씩 서서히 조여가며 결합한다.

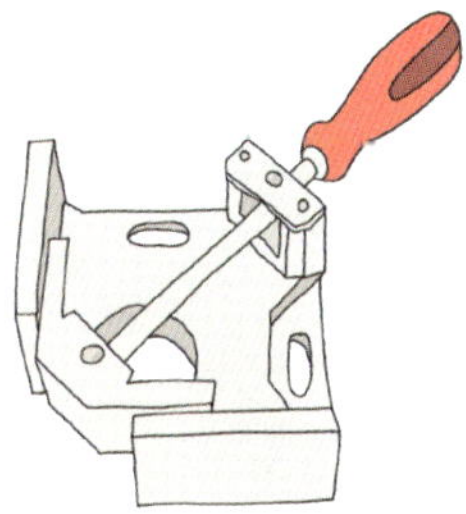

뒤판에는 사진이나 그림을 넣을 수 있도록 트리머를 이용해 홈을 낸다.

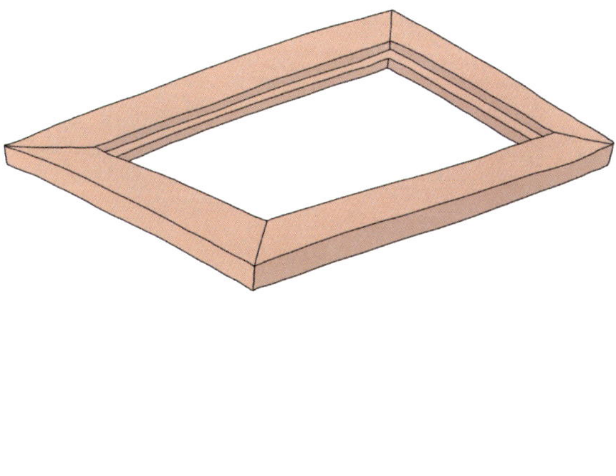

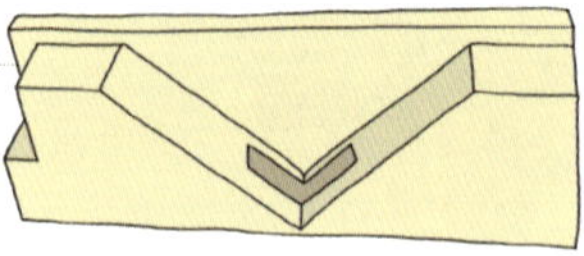

결합된 모서리 홈은 별도의 지그를 만들어 파낸다. 지그에 가장자리 부분을 올리고 밀면 홈이 생긴다.

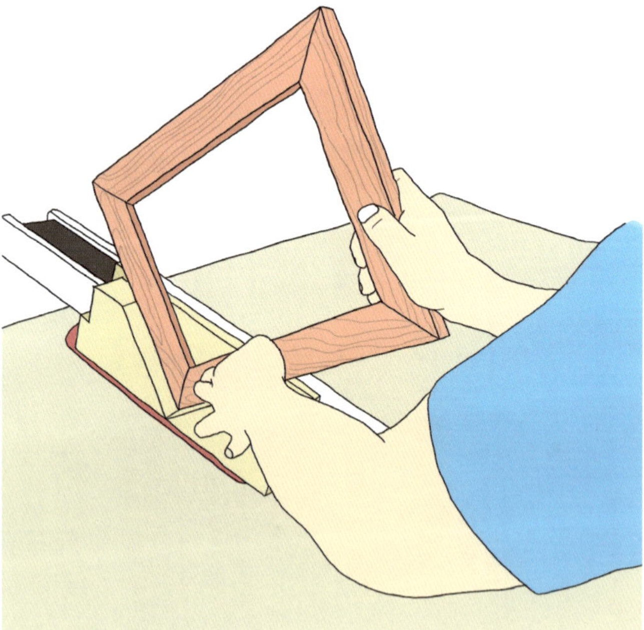

벽에 못을 박는 것을 선호하지 않으므로 벽걸이용 액세서리는 따로 달지 않는다. 이제 꽂임촉 연귀결합 방식의 액자가 모두 완성되었다. 마구리면에 대해 크게 신경 쓰지 않는다면 45°로 깍지 않고 핑거결합을 이용해 사각 프레임을 만들 수도 있다.

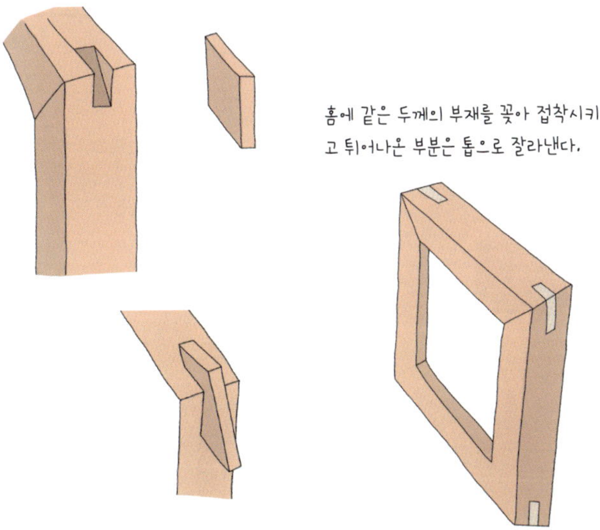

드러낼까 보호할까

마감을 위한 고민들

목공작업 순서상 사포질까지 마치면 이제 칠을 해야 하는 단계다. 칠은 물건에 액체나 기름을 바르는 행위를 일컫는 말이다. 칠이라는 단어는 한자 漆(옻 칠)에서 왔는데 원래 의미는 옻을 말하거나 옻을 칠하다는 뜻, 옻을 칠한 것처럼 검다는 뜻을 담고 있다. 의미가 확장되어 오늘날에 쓰이고 있다. 그래서 '칠판'은 글씨를 쓸 수 있도록 짙은 칠을 한 판재를, '칠흑 같은 어둠'은 옻칠을 한 것처럼 캄캄한 것을 나타낸다. 그런데 목재용어에서 영어는 이 과정을 마감finishing으로 표현한다.

목공작업 중에 세심하지 않는 작업단계가 없지만 마감은 특히나 꼼꼼함을 필요로 한다. 목공작업의 마지막 단계는 칠로 마감하는 일이다. 사람이 의복을 통해 외부의 환경으로부터 자신을 보호하는 한편 패션으로 자신을 돋보이게 하듯 마감의 목적도 비슷한 두 가지 목적을 지닌다. 만든 작품을 두고두고 오래 쓰려면 변형과 변질을 막아야 한다. 먼저 물리적 힘에 의한 변형은 어찌할 수 없는 일이지만 수분이나 먼지, 얼룩 등에 의한 변형은 최대한 막아야 한다. 수분은 휘거나 수축 팽창을 일으켜 이음새를 망가뜨리기도 하고 모양을 변형시킨다. 일차적 목적은 수분이 침투하는 것을 가급적 막는 일이다. 부차적으로 다른 요인 때문에 표면이 오염되는 것을 방지하는 차원이다.

나무로 만든 물건의 외관을 자연스럽게 표현하는 데 두 번째 목적이 있다. 나무로 만든 물건을 지니고자 하는 대표적 이유가 자연스러운 무늿결 때문이라면 잔잔하지만 뚜렷하게 드러내주어야 한다. MDF나 무늬목 필름이 내부를 완전히 가려 가치를 높이려 하는 반면 원목으로 만든 것은 사실을 드러내어 가치를 높인다. 마치 온갖 양념으로 재료 본연의 맛을 가리지 않아야 하는 것처럼. 그래서 원목을 가지고 작업했다면 대부분의 마감은 흔히 페인트라든가 스테인이라고 불리는 착색제를 사용하지 않고 무색투명한 물질을 덧입혀 도막을 형성시키게 된다. 스테인은 투명한 성질을 가지지만 착색제를 통해 더 어둡고 다른 목재의 느낌을 가지도록 할 때 사용한다. 제 모양보다 남의 성질을 취하기 위해 쓰는 셈이다.

무늬를 잘 드러내고 그 자연스러움을 강조하기 위해 공방에서는 대부분 오일 마감으로 끝내는 편이다. 당연히 단점이 있다. 습기를 배척하는 데는 그다지 효과적이지 않기 때문이다. 몇 번에 거쳐 칠하고 건조하고 다시 칠하지만 그렇다고 수분을 차단하는 도막이 제대로 형성되는 것은 아니다. 오일 마감의 자연스러움은 수분에 의해 변형되는 부분을 감수하겠다는 의지를 내포하고 있기도 하다.

시중에 나와 있는 여러 마감재를 선택하는 일은 꽤나 고달픈 일이다. 남이 어떤 것을 썼다고 하면 그것을 따라 쓰는 것이 속 편할 수도 있다. 우리가 전통적으로 분류하는 용어를 교묘하게 사용하여 그것이 아닌 것을 그것처럼 보이게 하거나 과장하여 표현하는 경우도 많기 때문이다. 마치 와인 라벨이 모든 것을 말해주지 않는 것처럼 말이다.

대부분의 경우 시간이 지나면서 굳는 경화 오일인 린시드 오일linseed oil과 텅오일tung oil을 사용한다. 이들은 목재 표면에 침투한다. 자체로 사용하는 경우도 있고, 바니쉬와 같이 도막을 형성하는 도료를 칠하기 전 사용하기도 한다. 린시드오일은 아마씨에서 추출한 기름으로 아마유라고도 부른다. 텅오일은 중국 유동나무 열매에서 짜낸 기름으로 1900년경 서양으로 보급되었다. 보통 린시드오일이 텅오일에 비해 내수성이 더 약하고 빛이나 물기 등에 의해 누렇게 변하는 황반현상이 강하게 나타난다.

바니쉬는 투명하고 보호성이 있는 경화된 마감재를 통칭하는 용어로 린시드오일, 텅오일 같은 건성유와 폴리우레탄, 알키드, 페놀 같은 수지resin를 혼합해 만든다. 보호기능이 뛰어나고 빠른 건조의 장점이 있다.

대니시오일danish oil이라는 것을 사용하기도 하는데, 린시드나 텅오일에 바니쉬 성분을 추가한 것으로, 순수 오일 마감에서 원목의 자연스러움과 바니쉬의 얇은 도막을 구현하는 이중의 장점을 추구한 오일이다.

마감을 할 때는 보통 전체적으로 구석구석 모두 동일하게 칠해줄 것을 강조한다. 수분이 침투하는 것을 막는다는 의미에서 동일하게 이뤄지지 않으면 변형현상이 일어난다고 보는 관점에서다. 반면 이와 달리 동일한 것보다 상판과 같은 노출부위의 마감을 더 신경써서 해야 한다는 주장도 있다.[2]

제조사들은 마감재 자체가 천연재료라 안전성이 높다고 하지만 천연오일에도 제품에 따라 용해제와 건조제가 포함되는 경우 식기 등에 사용하는 것에는 주의를 기울일 필요가 있다. 그리고 작업 시에도 환기에 특별히 신경을 써야 한다. 그리고 사람마다 받아들이는 정도가 다르기 때문에 환기가 필수적으로 되어 있는 곳에서 작업할 필요가 있다. 천연추출물이라 향도 진하지 않았지만 작업 후 미세한 두통을 느끼기도 했다. 환기 외에는 방법이 없다.

마감재의 가격도 만만치 않다. 용량에 따라 아주 값싼 제품도 있지만 몇 배나 비싼 오일마감 제품들도 있다. 안전성이나 품질에서 차이를 가져 온다. 공방에 의례용으로 쓰일 목기 제작을 요청하는 경우 칠은 외주로 진행했는데, 목기 한 쌍에 들어가는 옻칠 값이 재료 가공비보다 훨씬 높았다. 사람들은 원

2 전자의 견해는 조립을 하고 칠을 하다보면 틈이 생기거나 손길이 닿지 않는 아주 작은 부분도 생겨나는데, 수분에 의한 변형은 이같은 고르지 않은 마감이 원인이기 때문에 아예 조립할 부재를 모두 마감처리 하는 방법을 권하는 경우(Bruce Hoadley 『Understanding wood』)이고, 후자는 사용하면서 사용자의 손길이 닿는 부분에서 마감이 손상을 입어 가압수축compression shrinkage이 발생할 확률이 높기 때문에 동일한 것보다 상판과 같은 노출 부위의 마감을 더 신경써야 한다는 의견(Bob Flexner 『wood finishing 101』)을 말한다.

목의 좋고 나쁨에는 신경 쓰지만 마감재에는 그렇지 않은 편이다. 내가 만들고 내가 마감하는 경우가 아니라면 사실 어떤 재료들로 마감되어 있는지 알 길이 없는 경우가 많다. 살이 닿고 눈과 코가 접촉할 수도 있으므로 마감은 어느 것보다 고려되어야 하기도 한다. 외부에 놓고 쓰는 물건과 달리 매일 만지거나 피부와 접촉해야 하는 물건이라면 달리 처리해야 한다.

사포를 이용한 샌딩 작업이 마무리되면 최종 마감에 앞서 물로 한번 뿌리거나 물걸레로 닦아준다. 목재의 표면을 조금 더 균일하게 만들어주기 위한 과정인데 이때 재미있는 현상이 생긴다. 물이 접촉한 후 얼마 지나지 않아 나무 거스러미가 올라오는 것이다. 나무 거스러미grain raising는 목재 표면 조직이 수분과 접촉했을 때 부풀어 올라 마치 복숭아 솜털처럼 일어난 경우를 말한다.

나무는 기다란 관모양의 섬유조직이 리그닌으로 여러 겹으로 접착되어 있는 형태를 띠고 있다. 수분이 날아가 건조된 목재는 섬유조직이 밀착된 상태인데, 물이 닿으면 표면에 느슨하게 붙어있던 조직들이 부풀어 오르게 된다. 수분이 날아가 버리면 느슨한 연결이 되어있던 일부 조직들이 떨어진 채로 남아 거스러미 형태가 되는 것이다. 이때 표면을 320방 정도의 사포로 가볍게 문질러주면 표면이 다시 정리가 되고 이후에는 이런 현상이 거의 없어지게 된다.

이 상태에서 오일 마감을 진행하면 된다. 헝겊에 오일을 묻혀 구석구석 양을 여유 있게 발라준다. 10~15분 정도가 지난 후 백색 패드 등으로 문질러 남아있는 오일을 밀어 넣어준다. 하루 정도 건조시켜야 한다. 건조가 되면 400방 정도의 사포로 표면을 정리하고 2차로 오일을 발라준다. 역시 하루 정도 건조시킨다. 이후 1000방 이상의 사포로 문질러 표면을 정리한다. 여러 차례 진행할수록 상태가 좋아지고 이전 작업 후 충분히 건조시킬수록 작업의 성과는 좋게 나타난다. 시간과 공간의 제약이 따르기 때문에 작업자가 알아서 조절해야 한다.

나무의 결을 살릴지 말지, 수분이 들고 나갈 여지를 둘 것인지 아예 차단할 것인지, 환경을 고려할지 가격을 우선할지, 편하고 빠르게 끝마칠지, 효과를 극대화할지 모두 작업자의 선택이다. 처한 현실이 다르고 그때그때 환경이 다르기 때문에 그때는 맞고 지금은 틀린 경우가 얼마든지 나온다. 나무의 처지와 나의 처지가 공존하는 지점 어디쯤에서 우리는 멈추고 작업을 마감해야 한다. 끝내는 순간까지 우리는 항상 선택의 길에 서성여야 한다.

게임이론 중 최후통첩게임ultimatum game이라는 것이 있다.[3] 게임의 주관자 A가 1만원을 B에게 주고 이 돈의 일부를 떼어 앞에 앉은 C에게 적당한 금액을 제시하라고 한다. 액수는 1원부터 1만원까지 상관없다. 만약 C가 그 제안을 받아들이면 1만원 내에서 서로 나눠가지지만, C가 거부하면 모든 돈은 A에게 회수된다. 얼마를 제시해야 C가 받아들일지 B는 고민해야 하고, C는 얼마의 금액이 아니면 거부할지 정해야 한다.

이 실험의 결과는 어땠을까. 경제학적 이론을 받아들인다면 1원이라도 받아들이는 것이 거부하는 것보다 이익이 되기 때문에 C는 이를 제시한 금액을 받아들여야 하고, A는 최소한의 금액을 써내는 것이 '합리적'이라고 가정할 수 있다. 하지만 실험에서는 예상을 깨고 상당한 금액이 제안되었고, 일정 금액이 되지 않으면 제안을 받아들이지도 않았다. 그리고 이러한 결과는 반복적으로 행한 경우에도, 게임 참가자를 바꿔가며 진행한 경우에도, 전체 금액을 높인 실험에서도 결과는 달라지지 않았다. 최후통첩게임은 "자신의 이득이 극대화되는 상황에서

3 나의 행동이 상대방의 반응에 영향을 받는 경우 이를 전략적 상황에 처해 있다고 말하고, 이런 상황에서 행위자들 간의 상호작용을 분석하는 게임이론.

합리성과 이기심을 충실히 따르는 경제적 인간도 있지만, 공평함이나 나눔을 따르는 상호적 인간도 존재한다"는 점을 보여주는 사례로 이야기된다.[4] 물질적 이득의 크기로 행복 혹은 만족을 결정한다는 호모 에코노미쿠스homo economicus만 세상에 존재하는 것이 아니며, 이를 권하는 일에 몰입하는 사회도 바람직하지 않다는 의미는 아닐까.

평소에도 가구공장에 비하면 경제성에 한참 미치지 못하는 공방이 더욱 이윤추구 활동에 버거워하는 시점이 있다. 바로 겨울이다. 공방에 겨울이 오면 대략 두 달 동안은 큰 작업들은 하지 못한다. 제대로 된 난방을 하기 힘든 탓이다. 난로에만 의지해서 하는 작업은 한계가 있다. 나무들이 줄기의 생존을 위해 잎으로 가는 양분과 수분을 거둬들이듯, 공방 작업에도 감당할 수 없는 일은 접어야 한다. 온라인에서 주문이 들어오는 작은 소품들의 제작이나 칼로 만드는 카빙으로 대부분의 시간을 보내야 한다. 겨울은 뜻하지 않은 사색의 시간이고, 움직임보다 멈춤의 자세를 배우는 때다.

그러다보니 공방에 가는 일도 뜸해지기 마련이다. 그래서

4 첫 실험에서 평균적으로 37%에 해당하는 몫을 제안했고, 50%를 제안한 사람이 가장 많았다. 또 C의 위치에 있던 사람들은 자신의 몫이 30%가 넘지 않으면 제안을 받아들이지 않았다. 최정규, 『이타적 인간의 출현』, 뿌리와이파리, 2009.

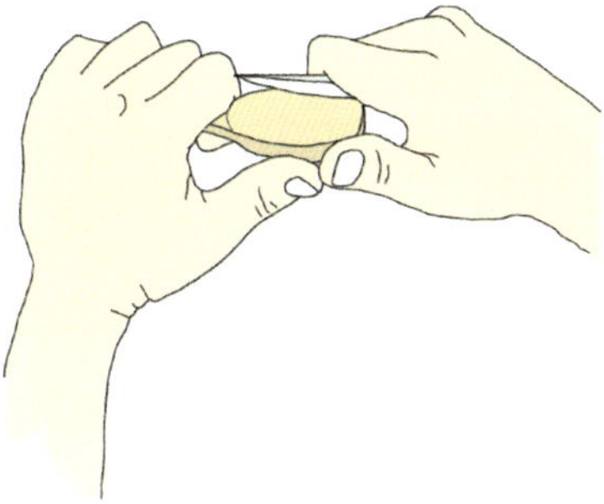

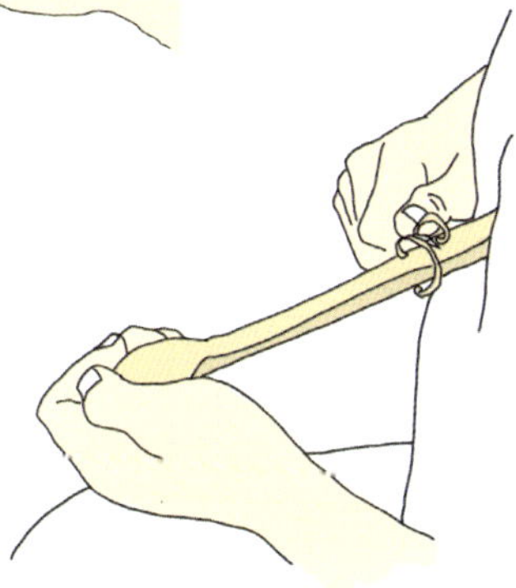

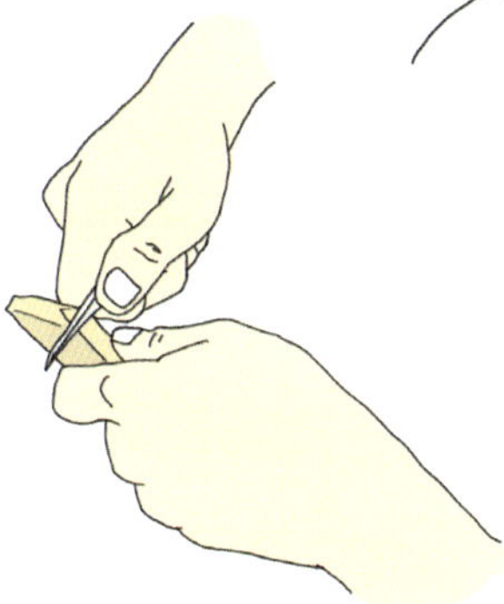

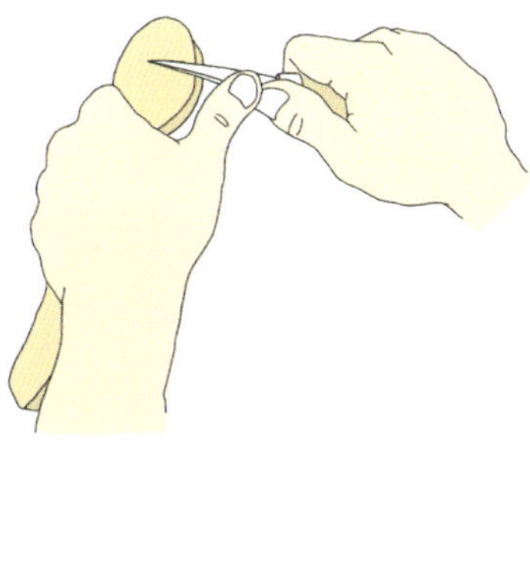

이야기하며 나무를 만지는 일, 손도구만을 가지고 내게 필요한 것을 만드는 것이 필요한 시간이 바로 겨울이다. 이 때는 작은 나무토막을 깎아서 만드는 우드카빙이 제격이다. 이 순간은 정밀하게 치수를 재고 절단하고 이어 붙이려 고뇌하는 시간이 아니다. 덜어내야 할 것들만 한가득 쌓여 있는 시간이다. 매끄럽지 않고 정교하지 않아도 살아지는 것이 사람의 삶이 되어야 하는데, 지금은 그렇지 않다. 남의 욕망을 내 것으로 이입해 소비해야 하는 삶이, 누구나 동일한 삶을 사는 것이 최고의 선으로 여겨지는 세상이 되었다.

카빙으로는 주로 숟가락, 젓가락을 만든다. 나무를 자르고 소품이든 작은 가구든 만들어가는 순간에도 집에 앉아 있을 때면 가끔씩 나무를 깎았다. 공방에서 한 가지씩 챙겨다 갖다놓은 나무가 있으니 볕이 좋은 베란다에 앉아 티스푼 하나 깎고 나면 반나절이 훅하고 지나간다.

내가 스푼이나 젓가락, 작은 함지박을 주로 만드는 반면 공방 사장님은 자주 뒤지개나 주걱, 국자와 같은 것들을 만들었다. 하지만 빨리 만들어 내어놓아야 팔리고 소비가 된다. 손으로 깎고 앉아 있으면 한마디로 돈이 되지 않는다. 핀잔듣기 딱 알맞다. 공방 사장님은 띠톱을 이용해 윤곽을 도려내고 그라인더를 동원해 재빠르게 연마해낸다. 하루 종일 걸려 한두 개 만들 것을 대여섯 개쯤 쉽게 만들 수 있다. 이때는 공방이지만 공장처럼 느껴진다. 필요한 일이지만 너무 많아지면 곤란한 일이기도 하다. 한 가지 방향만 고집하면 공장이 되는 것이다. 그렇다고 최대한 없는 일거리를 만들어야 하는 사장님의 의도까지 폄하할 수는 없다.

나무로 간단한 생활도구를 만드는 과정은 비교적 단순하다. 적당한 크기와 두께의 나무토막에 필요한 도구의 윤곽을 스케치한다. 무작정 칼로 베어낼 수는 없기 때문에 밴드쏘라는 전동 기구를 통해 윤곽을 따낸다. 흔히 블랭크라고 부르는 일차 가공단계의 모양을 만드는 것이다. 숟가락이나 접시, 함지박처럼 움푹 들어간 곳을 후크나이프처럼 둥근 조각칼을 이용해 나무의 살을 덜어낸다. 대략 한쪽 방향에서 절반을 덜어내고, 방향을 돌려서 다른 방향을 덜어낸다. 위에서 아래로, 가까운 쪽에서 먼 쪽으로 덜어낸다. 꼭 정해진 방향이 있는 것은 아니다. 다만 칼을 쥐지 않은 손 가까운 곳에서 멀어지는 방향을 택해야 다치지 않는다. 첫 번째는 결을 생각하고 두 번째는 안전을 생각한다.

들어가고 나온 부분을 어느 정도 완성했다면 카빙나이프로 전체적인 모양을 잡는다. 바깥쪽 테두리를 만드는 것이다. 연필을 깎듯이, 과일을 깎듯이, 촉을 깎듯이 이용하면 된다. 마찬가지로 결이 첫 번째고 몸에서 멀어지는 것이 두 번째다. 물론 몸 쪽으로 다가서게 칼을 이용해야 하는 상황도 있다. 이때는 재료를 몸이든, 바닥이든 다른 물체에 단단히 힘으로 고정시키고 작업을 해야 한다. 팔을 밀착시키지 않고 공중에 떠다니면 쉽게 칼의 운동에 상처를 입을 수 있다.

카빙에서 더욱 필요한 것은 욕심을 버리는 것이다. 조금 더 모양을 잡기 위해 파내다보면 제 구실을 하기 힘든 물건이 되어있음을 발견한다. 덜하고 더하고의 경계를 파악하기 가장 힘든 일이면서 동시에 어디서 멈춰야 하는지 스스로 깨우치기 가장 좋은 방법이기도 하다. 그리고 그 도달은 단 한 개도 정해진 모양이 없다는 사실을 인정하는 데서 출발한다. 어느 정도 완성되고 나면 사포작업을 한다. 능숙한 숙련자가 아니라면 대부분 손의 힘만으로 표면을 다듬어야 한다.

표면이 울퉁불퉁하지 않고 고른 것을 원하는 사람, 손자국이 그대로인 것을 원하는 사람도 있다. 취향의 문제다. 나무를 깎는 이유는 그 비경제성, 비연결성에도 불구하고 공간과 시간에서 자유롭고 싶어 하는 마음 때문일 것이다. 그동안의 물건을 만드는 작업이 잇고 연결하는 관계성의 일이었다면, 나무를 깎는 일은 덜어내어 윤곽을 잡는 순전히 나에게 침잠하는 순간이다. 만남이 필요하듯, 가끔씩 고립도 필요한 것이 인간이다. 나무는 그것을 가능하게 해주는 고마운 친구다.

나뭇결이 말하는 것과 말하지 않는 것

17세기에 출발한 런던왕립학회The Royal Society의 모토는 'Nullius in verba'다. "어느 것도 당연한 것으로 받아들이지 말라(take nobody's word for it)"는 뜻에서 가져온 라틴어이다. 남들이 당연하다고 이야기하는 것을 끊임없이 의심하고 스스로 생각하며 숨어있는 것은 드러내고 잘못된 것은 바로 잡으라는 의미로 받아들여진다.

사람이건 사물이건 함부로 한 면만 보고 판단하거나 일부만으로 전체를 규정해서는 안 된다. 현재 그가 무슨 이야기를 하느냐로 그 사람을 판단할 수는 없다. 어제의 말이 오늘의 행동과 다를 수 있다. 과거와는 다른 모습이 정말 달라진 것인지 기만인지 우리는 제대로 판단하기 어려울 수 있다. 과거에는 무수한 성과로 감탄을 자아내던 사람도 어느 한 순간에 다른 결과를 우리에게 던져줘 당혹스럽게 만들기도 한다. 지금 올바름을 이야기한다고 해서 그의 행적이 무조건 용서를 받는 것도 아니다.

대패질이나 칼질을 하다보면 나무가 뜯겨나가는 일이 발생한다. 순결이 아닌 엇결을 억지로 힘으로 밀어내다가 생기는 일이다. 정도가 미미하다면 다시 손질하여 다듬을 수 있지만 정도가 심하면 쓰고자 했던 의도대로 쓰지 못하고 버리거나 다른 용도에 맞게 고쳐 써야 하는 순간이 온다. 솔직히 짧은 기간 동안 나무를 쳐다보면서 나뭇결의 어느 방향이 순방향인지 한눈에 알지 못한다.

나무는 위로 성장하기 위해 물관과 섬유질이 하늘을 향해 자란다. 우리가 이야기하는 순결과 엇결은 섬유질의 방향과 연관되어 있다. 나무의 세포는 아주 작은 미세한 관형태로 되어 있어 이 방향을 잘 알 수 있다면 결의 방향도 알 수 있다. 문제는 그것이 정확하게 수직이 아니라는 점에 있다. 나무의 모든 섬유질이 지면에 수직으로 곧게 뻗어 있고, 나무를 제재할 때도 정확하게 수직이 되게 켠다면 특별히 순결과 엇결에 크게 구애받지 않겠지만 나무는 여러 영향에 따라 안쪽과 바깥쪽으로 각도를 시시각각 달리하면서 위로 자란다. 그렇기 때문에 켜놓은 판재의 윗면과 아랫면 어느 한 쪽에 다양한 각도로 섬

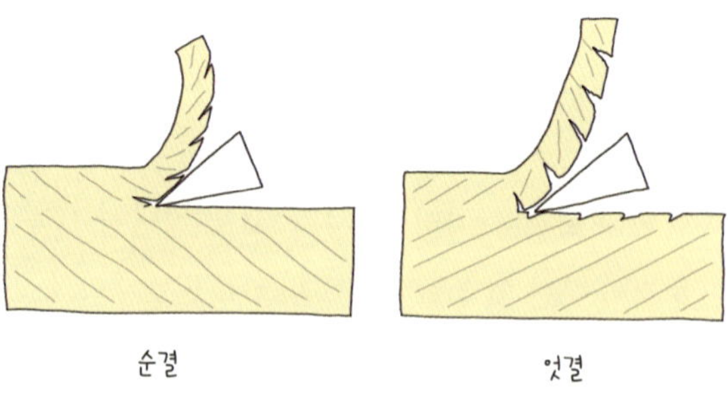

유들이 이어지게 되어 있다. 섬유질의 방향과 같이 가는 순결이라면 대패질이 무리가 없을 테고, 방향이 달라지면 안쪽으로 파고드는 섬유질을 억지로 직선으로 밀어내면서 뜯겨나가게 되는 것이다.

무늿결(널결)로 제재한 경우 옆면을 보면 나무에 따라 섬유질이나 물관, 방사조직의 흔적이 보이는 경우가 있다. 그 방향을 감안해 순결의 방향을 찾아내면 된다. 하지만 많은 나무들의 경우 방사조직도 물관도 육안으로는 잘 관찰되지 않는 경우가 많다. 나무는 성장을 하면서 직경이 줄어든다. 섬유질의 방향이 수직에서 심재 쪽으로 미세하게 기울어져 자라는 것을 상식적으로 생각할 수 있다. 그렇다면 제재한 면에서 심재 쪽이 윗면(대패질을 하는 면)이고, 변재 쪽이 아랫면이라면 나무의 성장방향이 순결이 된다. 마구리면을 보면 심재와 변재의 방향을 알 수 있다.

문제는 이럼에도 불구하고 현실은 이론과 다르다는 점이다. 목재를 구성하고 있는 세포의 배열과 방향이 목재의 면에 나타난 상태를 말할 때 목리木理라는 용어를 사용한다. 줄기의 높이 방향, 축이 되는 방향을 목리방향(결방향)이라고 부르는 것이다. 일반적으로 세포가 축방향을 따라 평행되게 나란히 배열되는 상태를 통직목리straight grain라는 용어로 부른다. 이와 다르게 축방향을 따라 나란히 배열되지 않고 조금씩 기울어진 각도로 배열되는 경우가 생기는 여러 경우를 교주목리cross grain라고 부른다. 눈으로야 평행된 것 같아도 사실 조금씩 기울어져 있는 것이 나무다.

나무의 성장이 늘 장애 없이 이루어지지도 않는다. 중간에 옹이가 있거나 다른 생장 방해 요인을 만나게 되면 섬유질의 방향은 얼마든지 방향을 틀게 된다. 또 나무를 제재하는 부분이 어느 지점이냐에 따라서도 순결과 엇결이 한꺼번에 튀어나오기도 한다. 소리를 듣고 손에 느껴지는 감각을 읽어야 한다. 판재의 윗면이 순결이면 아랫면은 동일한 방향이 엇결일 가능성이 많다. 어떤 방향으로 손질해도 뜯겨나가는 판재도 만난다고 한다. 중요한 것은 나무의 결에 맞서는 일만큼 무모한 일은 목공작업에서 없다는 것이다. 무리하게 힘을 주면 나무가 뜯겨나가거나 깊숙하게 패이는 일이 발생한다. 다시 면을 고르게 잡는 방법 밖에는 도리가 없다.

나무 그루터기에서 나이테를 보면 방향을 알 수 있다는 말을 하고는 한다. 햇빛을 많이 받아 생장이 활발한 남쪽의 나이테 폭이 넓다는 당연해 보이는 주장이지만 사실에 부합하는 것은 아니다. 경사나 햇볕과 같은 다양한 주변 환경의 조건에 따라 어느 방향으로든 나이테의 폭이 넓게 자랄 수 있다. 평평한 곳에서 자란 나무는 대부분 나이테가 원형에 가깝게 만들어진다. 문제는 경사진 면에서 자라게 된 나무인데 모두 중력과 균형을 맞추며 살기 위한 나무의 생존 본능 때문에 간격이 동일하지 않다. 한 쪽의 생장을 활발하게 시켜 그 힘으로 수직으로 서려고 노력하는 것이다. 재미있는 것은 활엽수와 침엽수가 그 방식이 다르다는 것인데, 활엽수는 기울어 자라게 되면 경사면의 반대쪽에 굵은 뿌리를 뻗어 나이테의 폭이 넓어진다. 반대로 침엽수는 경사면의 나이테폭이 넓어지도록 자라 기울어진 줄기를 밀어 올린다. 동서남북과는 상관없이 생존 환경에 따라 스스로 선택한 결과를 보여주는 것이다.[5]

대부분 부모는 자녀가 한 방향으로 막힘없이 자라길 원하지만 뜻하는 대로 이뤄지지 않는다. 이성보다 감정이 지배하는 순간이 생기고 뜻대로 풀리지 않는 상황이 자주 벌어지다보면 이쪽저쪽 울퉁불퉁 삶의 방향이 틀어지고 흩어지기 일쑤다. 그것이 자연스러운 것처럼 모든 나무가 하늘을 향해 일직선으로만 자라지는 않는다. 대다수는 삶의 조건에 맞춰 고뇌하며 방향을 수정한다. 지나치게 굽은 나무야 목재로써 가치가 떨어지겠지만 대부분 부분적인 우회를 경험하며 긴 세월에서 보면 곧은 방향으로 올라간다. 그러므로 나무가 똑바르다는 것은 우리 눈으로 겉만 본 결과이고 편견이다. 그 속에서는 수십 번 방향을 바꿔가며 자란다. 그걸 눈치 채지 못하고 다듬는다며 힘만

5 남향의 나이테 폭이 넓은 것은 남향 경사면의 침엽수 또는 북향 경사면의 활엽수인 경우가 된다. Hori Taisai & Iwatani Minae, 〈앞의 책〉

주다 나무와 공구, 심하면 자신의 몸까지 다치게 한다.

사람이 지닌 지식이나 학력, 혹은 재산으로 그를 말할 수는 없다. 우리가 확인하고 싶은 것만 확인할 뿐이다. 나뭇결이 나무의 지향점을 완전히 알려주지 않는 것처럼 내가 지금 하고 있는 일들이 내 삶에 대해 말하고 있는 것은 긴 시간 중 짧은 구간일 뿐이다. 불확실은 불안을 내포하지만 변화를 수용하는 힘을 가지기도 한다. 나무는 죽은 듯 하지만 깨어있고, 멈춘 듯하지만 반응하는 생명체다. 변화를 두려워하지 않고 상황에 이기적이지 않으며 곤경을 앎으로 바꿔가는 삶, 바로 살아있는 나무와 숨죽인 목재 모두를 통해 우리가 배울 수 있는 것들이다. 긴 겨울은 멈춰있는 것이 아니라 여행을 복기하며 서성이는 시간일 뿐이다. 그 겨울의 끝에 우리도, 나무도 서 있다.

에필로그

사진을 흔히 빛의 예술이라고 한다. 빛은 명암을 가진 동시에 색이라는 풍성한 표현 도구를 가지고 있다. 수많은 색의 향연인 컬러사진과 달리 흑백사진은 색 정보를 버리고 단순함을 추구한다. 명암으로 피사체의 윤곽과 표정, 위치를 포착해 감정을 드러내야 한다. 생략된 정보와 드러낸 흔적의 간극을 통해 메시지를 극대화해야 하기 때문에 다른 것들이 개입할 여지가 없다. 컬러사진이 현재의 눈부신 표현이라면, 흑백사진은 과거의 솔직한 기록이다.

더는 자라지 않는 나무로서 목재의 삶은 흑백사진과 꽤 닮아 있다. 살아있는 나무가 푸른 잎을 무성하게 드리우고 꽃을 피우며 때로 비와 바람에 춤을 추는 화려한 삶을 살아간다면, 목재는 모든 것을 추억에 가두고, 살아낸 흔적만으로 존재를 드러낸다. 밝거나 어두웠던 시간의 차이만으로 삶이 어떠해야 하는지 말해주는 동료가 된다. 흑백사진이 그런 것처럼 말이다.

코로나 바이러스의 유행과 겨울 추위로 몇 달 공방에 가지 못했다. 경제적 상황과 삶의 부산함까지 염두에 둔다면 앞으로 얼마 동안은 나무 만지는 일을 하지 못할 수도 있을 것이다. 운이 좋아 틈나는 대로 여러 나무를 만날 기회가 생겼고, 둔탁하지만 자유롭게 필요한 물건을 만들 수 있었다. 평생 접하지 못했던 다양한 도구들을 써볼 기회를 얻었고, 집안을 나무무늬 가득한 공간으로 채우면서 딸들과의 우정도 더 커졌다. 살아있는 나무에 대한 흥미와 공부를 해나갈 수 있는 행복은 덤이었다. 어떤 순간에도 감사할 이유가 있다.

막연히 좋아한다 생각했던 것들을 직접 체험할 수 있는 기회는 사실 누구나에게 주어지는 것이 아니다. 마음껏 작업할 수 있는 공간은 얻기 쉽지 않다. 당연히 여러 공구를 이용해 나무를 이해하고 공구의 특성을 알아가는 기회도 제한적이다. 공공기관에서 운영하는 직업교육이 아니라면 비용도 꽤 소요된다. 다닐 공방 수도 적고 커리큘럼도 제한적이다. 창업을 위한 직업 교육에 이르면 특정 분야만을 중점적으로 배워, 먹고 사는 일에 더 집중하는 수업을 해야 한다. 좀 더 예술적이고 고급기술로 옮아갈 수도 있지만 역시 비용과 시간이라는 문턱에 쉽게 걸리고 만다. 그래서 주민센터마다 마을목공소 하나씩 운영해 준다면, 나무 다루는 교육과 스스로 작업하는 공간이 동네마다 마련되어 있다면 어떨까 자주 생각한다.

내 손으로 무엇인가를 만든다는 것은 지극히 자연스러운 일임에도 신자유주의적 현실이 요구하는 삶에는 맞지 않는 행동이다. 현실은 인간의 노동을 가치 없음으로 치환시키고, 돈으로 구매하여 소비하는 것을 미덕으로 대접하는 사회다. 노동이 되었든 다른 무엇이 되었든, 그 필요성은 오로지 소비에 기여하는 경우에만 정당성이 확보된다. 그런 점에서 목공을 체험하는 일은 삶에 작지만 균열을 내려는 시도일 수 있다. 소비에서 얻는 만족감이 아니라 생산에서 얻는 성취감을 일깨워주는 작업이기 때문이다.

모든 제약에도 불구하고 많은 사람들이 공방에서 작은 물건 하나 만들어보는 경험을 가졌으면 좋겠다. 목공은 말은 줄이고 생각은 늘리는 시간이다. 내게 목공은 눈앞에 닥친 일만이 아니라 그 너머에 작동하는 사태에까지 관심을 갖게 하는, 지극히 인간적인 모습을 회복하는 순간이었다. 요리가 레시피를 개발하고 레시피대로 잘 재현하는 것을 넘어 좋은 먹거리를 생각하는 것까지 이를 수 있듯이 목공도 그럴 수 있을 것이다. 목공이 우리를 행복하게 하고, 내가 아는 지식과 연결이 되고, 사람들과 소통하는 도구가 되기를 희망한다.

참고문헌

강판권, 『나무열전』, 글항아리, 2007

공우석, 『침엽수 사이언스 1』, 지오북, 2016

국립산림과학원, 『경제수종 1_소나무』, 2012

국립산림과학원, 「루브라참나무 특성 및 생장」, 산림과학속보 제13-11호, 2013

국립산림과학원, 「목재제품의 규격과 품질기준」, 고시 제2020-3호, 2020. 12

국립수목원, 『알기 쉽게 정리한 식물용어』, 2010

DK식물편집위원회, 『식물 대백과사전』, 박원순 옮김, 사이언스북스, 2020

라이프폼 편집부, 『Wood Planet No.74』, 라이프폼, 2019

라트카우, 요아힘, 『나무시대』, 서정일 옮김, 자연과생태, 2013

Rogowski, Gary, 『목공 짜맞춤 기법』, 김지태 옮김, 씨아이알, 2017

마상규·이강오, 『숲 경영 산림 경영』, 푸른숲, 2017

박상진, 『우리 나무 이름 사전』, 눌와, 2019

박주생, 「수확된 목제품(HWP)의 반감기 연구동향」, 산림정책이슈 제29호, 국립산림과학원, 2014

박진희, 「지리산 신갈나무와 졸참나무의 식물화학적 변이 양상」, 한국환경생태학회지 28(5), 2014

산림청, 「목재이용실태조사」, 2014

산림청, 「목재제품의 생산수입유통 시장조사」, 2019

산림청, 『산림과 임업기술 제1권, 제4권』, 2000

이규배, 「식물형태학에서 사용하는 종자식물의 생식구조에 관한 한글 용어의 분석」, 조선대학교, 2008
임업연구원(국립산림과학원), 『원목 규격과 해설』, 2000
장윤성, 「목재제품 탄소축적량 평가 및 국가고유 탄소배출계수 개발에 관한 연구」, 서울대학교, 2015
전승훈·차윤정, 『신갈나무 투쟁기』, 지성사, 2009
정성호·박병수, 『한국산 유용수종의 목재성질』, 국립산림과학원, 2008
정희석 외, 『새로 쓴 목재건조학』, 서울대학교출판부, 2008
Flexner, Bob, 『목재마감 101』, 최석환 옮김, 씨아이알, 2013
한국임업진흥원, 「국산재 원목 시장가격 동향」, 2020
한국임업진흥원, 「숫자로 보는 우리나라의 산림자원」, 2016
하기스, 맨디, 『종이로 사라지는 숲 이야기』, 탁광일·이경아·정은영 옮김, 상상의숲, 2009
Hori Taisai·Iwatani Minae, 『수목의 진단과 조치』, 서영대·김재온 옮김, 두양사, 2014
힐턴, 빌, 『그림으로 보는 가구구조 교과서』, 안형재 옮김, 모눈종이, 2018
Hoadley, R. Bruce, 『Understanding Wood』, The Taunton Press, 2000
Meier, Eric, 『Wood! Identifying and Using Hundreds of Woods Worldwide』, The Wood Database, 2020

자라지 않는 나무의 모험
_어느 딸바보의 삶을 생각하는 목공입문 노트

초판 발행 2021년 3월 10일
글 그림 임형준
펴낸 곳 아마디아
등록 2017년 10월 11일
주소 경기도 용인시 수지구 풍덕천로 91
전화 031)261-8271
팩스 031)624-4489
홈페이지 amadia.co.kr
이메일 amadia@naver.com

ISBN 979-11-91148-01-5 (03630)
값 15,800원